L'ARCADIE DE MESSI-
RE IAQVES SANNAZAR,
gentil homme Napolitain, excellent Poete en-
tre les modernes, mise d'Italien en Francoys
par Iehan Martin, secretaire de Monseigneur
Reuerendissime Cardinal de Lenoncourt.

AVEC PRIVILEGE

Ce liure a esté imprimé à Paris par Michel de Va-
scosan, demeurant en la rue sainct Iaques a l'enseig-
ne de la Fontaine, pour luy, et Gilles Corrozet li-
braire tenant sa boutique en la grand salle du Pa-
lais, pres la chambre des consultations.

M. D. XLIIII.

A MONSEIGNEVR LE PREVOST
de Paris, ou son Lieutenant Ciuil

SVPPLIENT humblement Michel de Vascosan, & Gilles Corrozet, libraires de ceste uille de Paris, qu'il uous plaise leur doner permission d'imprimer & uendre un liure nouuellement traduict d'Italien en Francoys, intitulé l'Arcadie de Sannazar, Poete Napolitain: pour lequel imprimer leur conuient faire gros frais & despenses, dont ilz pourroiēt estre frustrez, ésemble de leurs labeurs, s'il estoit permis a tous de l'imprimer. Ce consideré il uous plaise ordonner que defenses soient faictes a tous libraires & imprimeurs de la uille & preuoste de Paris, de n'imprimer iceluy liure, ny d'en uendre d'autres que de l'impression desdictz suppliants, iusques a quatre ans finiz & accōpliz, sur peine de confiscation des liures, & d'amende arbitraire. Et uous ferez bien.

Soit faict ainsi qu'il est requis.

Faict le II. iour d'Auril M.D.XLIII. auāt pasques.

signé, I. I. de Mesmes.

A MONSEIGNEVR
Monseigneur Reuerendissime Cardinal
de Lenoncourt.

Onseigneur, enuiron le cōmencement de
cest yuer dernier, V. R. S. me comman-
da que ie luy feisse ueoir ma traduction
françoyse de l'Arcadie Italienne de mes-
sire Iaques Sannazar gentil hōme Napolitain. ce que
lors ne me fut possible, pour ne l'auoir encores mise au
nect: dōt i'estoye grādemēt desplaisant. Mais pour repa
rer ceste faulte, ie la uous ay faict imprimer en beaux
characteres: & maintenant oze bien prendre la har-
diesse de la uous dedier auec ma perpetuelle seruitude:
suppliāt tresfhumblemēt qu'il uous plaise l'auoir agrea
ble, & prendre en bonne part que ie la mette en lu-
miere soubz l'inscriptiō de uostre nom: car ie ne le faiz
sinon pour luy procurer plus de grace et faueur entre
les hōmes, consideré que choses cōsacrées aux temples
ou personnages Heroiques, sont reuerées des propha-
nes nōobstant qu'elles soyent souuentesfois de basse &
petite ualeur. Pour le moins i'ay fiāce que plusieurs gen
tilz hōmes & dames uiuās noblement en leurs mes-
nages aux champz, & autres de moindre qualité, luy
ferōt assez bō recueuil, ueu mesmemēt qu'elle ne trai-
cte guerres, batailles, brusièmens, ruines de pays, ou
telles cruaultez enormes, dont le recit cause a toutes
gens horreur, cōpassion, & melancholie, reserué aux
ministres de Mars, qui ne se delectent qu'en fer, feu, ra-

A ij

pines & subuersions de loix diuines et humaines. Tel subgect, a la uerite, n'est conforme a ceste Arcadie, car elle ne represente que Nymphes gracieuses, & iolyes bergeres, pour l'amour desquelles ieunes pasteurs soubz le fraiz umbrage des petiz arbrisseaux et entre les murmures des fontaines chantent plusieurs belles chansons, industrieusement tirees des diuins Poetes Theocrite & Virgile: auec lesquelles s'accorde melodieusement le ramage des oysillons degoysans sus les branches uerdes, tellement que les escoutans pensent estre rauiz aux champs Elysées. Mais pource que l'aucteur en cest œuure s'est seruy d'un grand nombre de motz dont l'intelligence n'est cõmune, pour releuer de peine les lecteurs, i'en ay bien uoulu faire un petit sommaire, ou, pour mieux dire, aduertissemẽt, qu'ilz trouueront aux derniers cahiers: et cela les adressera pour la descriptiõ des plãtes a Dioscoride, pour les situatiõs des lieux d'Italie a Blõdus en sa Cãpagne, pour les choses cõcernãtes l'histoire naturelle a Pline, et pour les fictions Poetiques a la Metamorphose d'Ouide, et autres bõs aucteurs de la lãgue latine, desquelz i'ay cotté les passages, afin de dõner autant de profit que de plaisir.

Monseigneur ie prie le Createur uous dõner en perfaicte santé treslongue & tresheureuse uie. De Paris ce XV. d'Auril. M. D. XLIIII.

Vostre treshumble & tresobeissant
seruiteur Iehan Martin.

ARCADIE
DE MESSIRE IAQVES SANNAZAR GENTIL HOMME NAPOLITAIN.

LES grans et spacieux arbres produictz par nature sus les haultes montagnes, ordinairement se rendent plus agreables a la ueue des regardans, que les plantes songneusement entretenues en uergiers delicieux par Iardiniers bien experimentez. Aussi le chant ramage des oyseaux qui par les forestz se degoysent sus branches uerdes, faict autãt de plaisir a qui les escoute, que le iargon de ceulx qui sont nouriz es bõnes uilles, et aprins en cages mignottes. Ce qui me faict estimer que certaines chãsons rurales trassées sus raboteuses escorces d'arbres, ne cõtentent aucunesfois moins les lecteurs, que plusieurs poemes laborieusement cõposez, & escriptz en beaux characteres sus feuilletz de liures dorez. D'aduãtage que aucũs chalumeaux de pasteurs accouplez auec de la cire, rendent parmy les uallees, des armonies (parauanture) autant aymables, que les resonances d'aucuns instrumens ciuilz tournez de Buys tant estimé, encores que lõ s'en delecte en salles et chãbres põpeuses. Pareillemẽt une fontaine biẽ bordee

A iij

d'herbes uerdoyantes, et qui naturellement fort de roche uiue, se presente aussi gaye a la ueue que les artificielles diaprées de marbre de toutes couleurs. Sus ceste confiance ie pourray bien reciter en ces desers, aux arbres escoutans, & a ce peu de pasteurs qu'il y aura, quelques Eglogues yssues de naturelle ueine, encores a present autant rudes & mal polies, qu'elles estoyent lors que ie les ouy chanter soubz le fraiz umbrage des arbrisseaux, & entre les murmures des fontaines courantes par aucuns pasteurs d'Arcadie, ausquelz les dieux des montagnes rauiz de la douceur, ne presterent une seule fois, mais plus de mille, leurs oreilles ententiues, mesmes les gentilles Nymphes entrelaissans leurs chasses commencées, en appuyerent bien arcz & trousses côtre les tiges des Sapins de Menalo et Lyceo. A ceste cause, s'il m'estoit licite approcher mes leures du simple flageolet que Dametas donna iadiz a Corydon, ie m'en estimeroye autant que de manier la trompe resonnante de Pallas, auec laquelle Marsias l'outrecuydé Satyre oza bié a son grand dommage prouocquer Apollo, d'autant que mieux uault songneusemēt cultiuer une sienne petite piece de terre, que par nōchallance en laisser une bien grāde malheureusemēt tumber en friche.

Dessus le mont Parthenio, qui n'est des moindres

dres de la pastorale Arcadie, se treuue une belle plaine de bien petite estendue, pourautant que la situation du lieu n'en seroit autrement capable: mais elle est si bien garnie d'herbe uerde, que si les troupeaux des bestes n'en paissoyĕt, lon pourroit en toutes saisons y trouuer de la uerdure. En ce lieu (si ie ne m'abuze) peult auoir une douzaine d'arbres de tant rare & exquise beaute, que qui s'amuseroit a les contempler, pourroit dire, nature la perfaicte ouuriere, auoir prins grand plaisir, & s'estre songneusement estudiée a les former: car estans aucunement distans les uns des autres, & disposez d'un ordre sans artifice, ilz enrichissent grandement sa naiue beauté. Tout premier lon y treuue le Sapin hault, droict, et sãs neudz, formé pour endurer les tourmentes de la mer. Apres y est le Chesne robuste a brãches plus lõgues et feuillues. puis on y ueoit le ioly Fresne, et le Plane delicieux, dont les umbrages n'occupent peu de place emmy ce beau pré. D'aduantage y est (a rameaux plus courtz) l'arbre duquel Hercules se souloit courõner, en la tige duquel furent trãsformées les dolentes filles de Clymene. A l'un des costez sont, le nouailleux Chastaigner, le Buys feuillu, et le hault Pin a dur fruict, et poignãt feuillage. De l'autre part, le Hestre umbrageux, le Tilleul incorruptible, & le fragile Tamarin, a

A iiij

ūec la palme orientale,doulx & honorable guerdō
des uictorieux: au meillieu defquelz ioignant une
claire fontaine, s'eſlieue uers le ciel un Cypres en
guyſe d'une haulte Borne,ſi plaiſant a ueoir,que nō
ſeulement Cypariſſus,mais (ſ'il ſe peult dire ſans
offenſe) Apollo meſme ne ſe deſdaigneroit d'eſtre
en ſa tige tranſfiguré. Et ne ſont ces plantes ſi mal
gracieuſes,que leurs umbrages empeſchent totale-
ment les rayōs du Soleil de penetrer en ce delicieux
pourpris, ains par diuers endroitz les recoyuent ſi
gracieuſemēt,que rare eſt l'herbette q̃ n'en tire au-
cune recreation. Or cōbien qu'en toutes ſaiſons il y
face merueilleuſemēt beau frequēter,ſi eſt ce q̃ du-
rant le printemps encores y faict il plus gay qu'en
tout le reſte de l'année. En ce lieu tel q̃ ie uous cō-
pte, les paſteurs des montagnes circunuoiſines ont
apris de mener ſouuēt paiſtre leurs troupeaux,&
ſ'entr'eſprouuer a pluſieurs penibles exercices,cō-
me a getter la barre, tirer de l'arc,ſaulter a plu-
ſieurs ſaultz,et ſ'entr'empōgner a la lutte:en quoy
ſe practiquent beaucoup de fineſſes ruſtiques. Mais
le plus ſouuent ilz chantent & ſonnēt herpes ou
muſettes a l'enuy,non ſans pris & louēge de celuy
qui faict le mieux. Or aduint une fois entre les au-
tres,que la plus grād part des paſteurs circunuoi-
ſins ſ'aſſembla ſus celle mōtagne,chaſcun auec ſon

troupeau

troupeau. Lors en proposant diuerses manieres d'es-
batemēs, tous sentoyent plaisir inestimable, excepté
le poure Ergasto, lequel s'estoit assis loing de la
troupe au pied d'un arbre, & la se tenoit sans par-
ler ny mouuoir, cōme une pierre ou quelque souche,
non recors de soy ny de ses bestes, combien que au
parauant il auoit tousiours esté plus gracieux &
recreatif que nul des aultres. Quoy uoyāt Seluagio,
meu a compassion de son miserable estat, pour luy
donner allegeance de ses tourmentz, se print ainsi
amiablement a l'araisonner chātant a haulte uoix:

SELVAGIO.

A my, pourquoy te ueoy ie en ce poinct taire,
M orne, pensif, dolent, & solitaire?
I l n'est pas bon de tes bestes laisser
A leur plaisir ces landes trauerser.
   Veoy celles la qui passent la riuiere.
V eoy deux belliers qui courent la derriere
L es testes bas, s'ilz se mettent empoinct
P our se chocquer tout en un mesme poinct.
   Au plus uaillant les autres fauorisent,
S uyuent ses pas, le reuerent & prisent,
C hassant d'entr'eulx & mocquant par semblant
L e desconfit de uergongne tremblant.
   Ne scaiz tu pas qu'encores que les loupz

Ne facent bruyt, leurs pillages sur nous
Sont merueilleux, ueu que noz chiens de garde
Sont endormiz, & que n'y prenons garde?
Ia par les boys amoureux oyselletz
S'apparians font leurs nidz nouuelletz.
La neige fond, & coule des montagnes,
Dont semble a ueoir qu'il sourde en ces cãpagnes
Fleurs a milliers, & que toute branchette
Nouueaux bourgeons & tendres feuilles gette.
Ia les aigneaux iusques aux plus petitz
Vont pasturant l'herbette en ces pastiz:
Et Cupido reprend pour son soulas,
Fleches & arc, dont oncques ne fut las
De naurer ceulx qui luy font resistence,
Et transmuer en cendre leur substance.
Progne reuient de region loingtaine
Auec sa seur, en querele haultaine
Se lamenter de l'ancien outrage
Que Tereus leur feit par grande rage.
Mais (a uray dire) ores tant peu se treuue
De pastoureaux qui chantent a l'espreuue
En l'umbre assiz, qu'il semble que nous sommes
En la Scythie entre barbares hommes.
Dont puis qu'a toy nul de nous se compare
A bien chanter, & le temps s'y prepare,
Chante de grace une chanson ou deux.

Ergā-

Ergasto.
Helas amy en ce lieu tant hydeux
Ie n'y enten Progné, ny Philomele,
Mais maint hyboux qui lamente comm'elle.
　Printemps pour moy ne s'est de uerd uestu,
Et n'ont ses fleurs ny ses herbes uertu
De me guarir, au moins ie ne rencontre
Que des chardons, qui portent mal encontre.
　Cest air icy ne m'est point sans brouillart:
Et quand un iour uous est pur & gaillard,
Ie pense ueoir des noires nuytz d'Autonne
Quand il pleut fort, & horriblement tonne.
　Abysme donc tout le monde & ruine,
Crainte n'auray de ueoir telle bruine,
Car ie me sens en ce cruel propos
Le cueur emplir d'une umbre de repos.
　Fouldres & feu soient en terre cheans
Comme en Phlegra iadis sus les Geans,
Si que le ciel par force fouldroyer
Se puisse en mer auec terre noyer.
　Quel soing ueulx tu que i'aye d'un troupeau
Qui n'a sinon que les os & la peau?
Ie m'attens bien qu'il s'esparpillera
Entre les loupz, ou tout se pillera.
　Ayant ainsi de confort indigence,
A ma douleur ie ne treuue allegeance

F ors de m'asseoir (chetif & miserable)
A upres d'un Fau, d'un Sapin, ou Erable.
E t la pensant a qui mon cueur dessire,
G lace deuien: mais mieux ie ne desire,
C ar ce pendant la peine ie ne sens,
Q ui m'amaigrit, & faict perdre le sens.

    Seluagio.

E n t'escoutant ainsi triste complaindre,
I' endurcissoys comme un roc (sans me faindre)
M ais peu a peu ie sens qu'il me ramende
E n proposant te faire une demande.
 Qui est la fille ayant le cueur si fier,
Q u'elle t'a faict ainsi mortifier
C hangeant uisage & meurs? nomme la moy:
S ecret seray, ie te prometz ma foy.

    Ergasto.

M enant un iour mes aigneaux en pasture
L e long d'une eau, par un cas d'aduenture
V n clair Soleil m'apparut en ses undes,
Q ui me lya de ses tresses bien blondes,
E t imprima sus mon cueur une face,
D ont le tainct fraiz, Laict & Roses efface.
P uis se plongea en mon ame de sorte
Q u'impossible est que iamais il en sorte.
D e ce poix seul mon cueur est tant greué
Q u'esbahy suis comme il n'en est creué,

       veu que

Veu que deslors fuz mis soubz un ioug tel
Que i'ay du mal plus qu'autre homme mortel.
Dire le puis, Amy, l'experience
Me faict quasi perdre la patience.
 Ie uey premier luyre l'un de ses yeux,
Puis l'autre apres, en maintien gracieux.
 Bien me souuient qu'elle estoit rebrassée
Iusqu'aux genoux, & que teste baissée
Au chault du iour un linge en l'eau lauoit,
Chantant si doux, que tout rauy m'auoit:
Mais aussi tost comm'elle m'entreueit,
Elle se teut, que pas un mot ne deit,
Dont i'eu grand deuil: & pour plus me fascher,
Elle s'en ua sa robe delascher
Pour s'en couurir: puis sans craindre auanture,
En l'eau se meet iusques a la ceincture:
Parquoy de rage, a moins de dire ouy,
En terre cheu tout plat esuanouy.
 Lors par pitié me uoulant secourir,
Elle s'escrie, & se prend a courir
Tout droict a moy, si que ses criz trenchans
Feirent uenir tous les pasteurs des champs,
Qui des moyens plus de mille tenterent
Pour me resourdre: & tant en inuenterent,
Que mon esprit de sortir apprefté,
Fut (pour adonc) en mon corps arresté,

L'ARCADIE

R emediant a ma uie doubteuſe.
  Cela uoyant la pucelle honteuſe
S e retira, monſtrant ſe repentir
D u bon ſecours que m'auoit faict ſentir.
P arquoy mon cueur de ſa beaulté ſurpris,
D e deſir fut plus uiuement eſpriz.
  Ie penſe bien que cela feit la belle
P our ſe monſtrer gracieuſe & rebelle.
  Rebelle eſt bien d'uſer de ces façons,
E t froide plus que neiges ou glaſſons:
C ar nuyt & iour a mon ſecours la crye,
M ais ne luy chault de ce dont ie la prie.
  Ces boys icy ſcauent aſſez combien
I e luy deſire & d'honneur & de bien,
S i font ruyſſeaux, montagnes, gens, & beſtes,
C ar ſans ceſſer iours ouurables & feſtes,
E n ſouſpirant d'amour qui me prouoque,
I e la ſupplie, & doucement inuoque.
  Tout mon beſtail qui ſans ceſſe m'eſcoute,
S oit qu'il rumine en l'umbre, ou au boys broute,
S cait quantesfois ie la nomme en un iour
P iteuſement, ſans pauſe, ny ſeiour.
  Auſſi par fois Echo qui me conuoye,
M e faict tourner quand elle me renuoye
S on ioly nom iuſques à mes oreilles
S onnant en l'air ſi doux que c'eſt merueilles.

Ces ar-

DE SANNAZAR. 8

Ces arbres cy d'elle tiennent propoz,
Soyent agitez du uent, ou de repoz:
Et monstre bien chascun en son escorce
Comm'elle y est grauée a fine force,
Ce qui me faict,telle fois est,complaindre,
Et puis chanter gayement sans me faindre.
  Pour son plaisir mes Toreaux & Belliers
Font bien souuent des combatz singuliers.

En escoutant la piteuse lamentation du dolent Ergasto, chascun de nous ne fut moins remply de pitié que d'esbahissement : car combien que sa uoix debile, & ses accentz entreröpuz, nous eussent desia faict plusieurs fois grieuement souspirer, si est ce qu'en se taisant, seulement l'obgect de son uisaige defaict & mortifié, sa perruque herissée, & ses yeux tous meurdriz a fine force de pleurer, nous eussent peu donner occasion de nouuelle amertume. Mais quand il eut mis fin a ses parolles, & que semblablement les forestz resonnätes se furent appaisées, il n'y eut aucun de la compagnie qui eust courage de l'abandonner pour retourner aux ieux entrepriz, ny qui se souciast d'acheuer les cömencez: ains estoit chascun si marry de son infortune, que tous particulieremët s'efforceoyent selon leur puissance ou scauoir, le retirer de son erreur, luy enseìgnant aucuns remedes plus faciles a dire qu'a mettre en execution. Puis uoyant que le Soleil approchoit de l'occident, & que les fascheux grillons ia commenceoyent a criqueter dans les creuasses de la terre, sentās approcher les tenebres de la nuyt, nous ne uoulans permettre que le poure desolé demourast la tout seul, quasi par contraincte le leuasmes sus ses piedz: & incontinent le petit pas, feismes tourner noz bestes deuers leurs estables. Et pour moins sentir le trauail du chemin pierreux, plusieurs en allant se prindrent a sonner de leurs musettes a qui mieulx mieulx, chascun s'efforceant produire quelque chanson nouuelle. Ce pēdant l'un appelloit ses chiens, l'autre ses bestes, par noms propres. Quelqu'un se plaignoit de sa pastourelle, & quelque autre rustiquement se uentoit de la sienne. D'aduantage plusieurs bons compagnons alloyent en termes ruraux se mocquans & gaudissans les uns des autres. Et cela dura iusques a ce que feussions arriuez en noz cabannes couuertes de chaume. Or se passerent en ceste maniere maintes iournees. Puis un matin aduint que moy (suyuant le deuoir de bergerie) ayant faict paistre mes bestes a la rosee, & me semblant que pour la grande chaleur prochaine il estoit heure de les mener a l'umbre en quelque lieu ou moy &

elles

elles nous peuſſiõs rafraichir de l'aleine des petitz
ventz. Ie prins mon chemin deuers une umbra-
geuſe uallee qui eſtoit a moins d'un quart de lieue
de moy, conduyſant lentement a tout ma houlette
mes dictes beſtes: leſquelles a chaſcun pas uouloyẽt
entrer dedans les boys. Et n'eſtois encores gueres
loing quand de bon encontre ie trouuay un pa-
ſteur nõmé Montano: lequel ſemblablement cher-
choit d'euiter la chaleur ennuyeuſe, et a ces fins
auoit faict une couronne de rameaux feuilluz qui
le defendoient du Soleil. Ce paſteur s'en alloit tou
chant ſon troupeau deuãt ſoy, ſonnant ſi melodieu-
ſement une muſette, qu'il ſembloit que les foreſtz
en feuſſẽt plus gayes que de couſtume. Adõc ie qui
fuz merueilleuſement curieux d'entẽdre telle me-
lodie, en parolles aſſez humaines luy dy: Amy,
d'auſſi bon cueur que ie prie aux gracieuſes Nym-
phes qu'elles daignent de bõne oreille eſcouter tes
chãſons, et aux dieux chãpeſtres que les loupz ra-
uiſſans ne te puiſſẽt faire dõmage de tes aigneaux,
mais que ſains ſauues et bien guarniz de fine lay-
ne ilz te puiſſent rendre agreable profit, faiz moy
(s'il ne te grieue) part de la iouyſſãce de ton armo
nye. Ce faiſant, le chemin et la chaleur nous en ſem
bleront beaucoup moindres. Et afin que tu n'eſti-
mes perdre ta peine, i'ay une houlette de Myrte

B

nouailleux, les extremitez de laquelle sont toutes garnies de plomb poly. mesmes au bout d'enhault est entaillée de la main de Caritheo bouuier nague res uenu de la fertile Espaigne, une teste de bellier auec ses cornes retournées, par si grãd artifice que Toribio l'un des plus riches pasteurs de ce pays m'en uoulut unesfoys dõner un puissant mastin hardy et bon estrangleur de loupz: toutesfois pour requestes ny pour offres qu'il m'ayt sceu faire, il ne le peut oncques obtenir de moy. Et si tu ueulx chanter, ie t'en feray ung present tout a ceste heure. Adonc Montano sans attendre autres prieres, en cheminant ainsy plaisamment commencea:

MONTANO.

A llez a l'umbre o Brebiettes
Q ui repeues et pleines estes,
S oubz ces arbres, puis qu'ainsi ua
Q u'au Midy le Soleil s'en ua:
E t la prenant le doux repoz,
V ous entendrez par mes propoz,
L ouer les yeux clairs & serains,
L es cheueux d'or bien souuerains,
L es mains a mes desirs iniques,
E t les beaultez au monde uniques.
  Lors pendant que mes chalumeaux

Accorderont

Accorderont au bruyt des eaux,
Vous pourrez aller pas a pas
Faire d'herbettes un repas.
  Ie ueoy la quelqu'n. Si ce n'est
Souche, ou Rochier, ie croy que c'est
Vn homme qui dort en ce ual,
Ou las, ou qui se trouue mal.
Aux espaules, a la stature,
A la facon de sa uesture,
Et a ce chien blanc tout ensemble
C'est Vranio, ce me semble.
  C'est luy certes, qui bien manye
Et faict rendre telle armonye
A sa harpe gente & doulcette,
Qu'on le compare a ma musette.
  Pasteurs (mes amys) en passant
Gardez uous du loup rauissant
De toute meschancete plein:
Car ie croy qu'il est en ce plain
Guettant pour faire mille maulx,
S'il trouue a lescart animaux.
  Icy a deux chemins froyez:
Donc sans nous monstrer effroyez
Prenons par le meillieu du mont
Ce sentier la nous y semont.
  Veillez sus le loup qui toute heure

B ij

L'ARCADIE

E n ces buyssons tapy demeure.
   Iamais ne dort (la faulse rasse)
M ais suyt les bestes a la trasse.
   Homme ne s'estonne en ce boys.
P asteurs, suyuez moy, ie m'en uoys,
Q ui congnois le loup, et la ruse
D ont pour nous deceuoir il use.
M ais quand ie n'auroys qu'vn rameau
D e Chesne, d'Erable, ou d'Ormeau
I e le feray bien reculler
S' il uient quelque beste acculer.
   O si en ceste matinee
I' auoys si bonne destinee,
B rebiz, que ie uous peusse mettre
A sauueté, qui pourroit estre
P lus que moy ioyeux ou content?
   Ne uous escartez en montant
C omme tousiours, car par expres
I e uous dy que le loup est pres.
A umoins en sortant de noz granges
I' ay ouy des criz bien estranges.
   Sus Melampe et Adre courez,
O u d'abbayer nous secourez.
   Chascun prenne garde a la robe
D u loup, qui nous pille et desrobe.
   Ces maulx aduiennent (sus ma uie)

Par

Par nostre rancune, ou enuie.
　Les plus sages ferment de cloyes,
De paliz, ou de bonnes hayes,
Leurs parquetz, sans point se fyer
A l'abbay des chiens aspre et fier.
Ainsi par bonne garde ilz ont
Laynes et laict, dont profit font
Tout du long que les boys sont uers,
Ou despouillez par les yuers.
　On ne les peult ueoir mal contens
Pour neige en Mars, ou pire temps.
　Beste ne perdent, s'elle fuyt,
Ou couche emmy les champs de nuyt:
Dont semble que les dieux s'accordent
Aux riches, et a nous discordent.
　A leurs aigneletz mal ne faict
Empoysonné regard infect.
Ie ne scay si ces cas procedent
D'herbes, ou charmes qu'ilz possedent:
Mais les nostres d'une allenée
Meurent en tous temps de l'année.
　Le loup traistre, larron, pipeur,
A (peut estre) des riches peur,
Et aux poures c'est son usance
De leur faire toute nuysance.
　Aumoins sommes nous (de par dieu)

B iij

S ans perte arriuez iufqu'au lieu
D ont la nature me conuie
A chanter d'amoureufe uie.
  Il fault commencer à un bout.
S us donc Vranio, debout.
D oys tu paffer ainfi le iour,
C omme la nuyt propre au feiour?
   Vranio.
I e repofoys fus ce mont la
Q uand fus la mynuyt m'efueilla
L e bruyt des chiens iappans au loup?
P arquoy me leuay tout acoup,
E t me prins a crier, Bergiers
S oyez courageux & legiers
D e le pourfuyure fans fremir.
E t oncques puis ne fceu dormir
I ufques au iour, que ie comptay
T out mon beftail, puis me boutay
S oubz ceft arbre, & me rendormy.
T u m'y as trouué, mon amy.
   Montano.
  Dirons nous point quelque chanfon
A la paftorale facon?
   Vranio.
Q uoy donc? mais ie ne refpondray
F ors a ce que dire entendray.

Montano.

A quoy commenceray ie doncques?
Car i'en scay bien un cent qui oncques
Ne fut commun (par mon serment)
Chanteray ie cruel tourment?
Ou celle qui commence ainsi:
Ma belle dame sans mercy?
Ou bien de la belle obstinée
Disant, O dure destinée?

Vranio.

Nenny, mais ie te requier, dy
Celle qu'auant hier a midy
Tu chantois emmy ce bourget:
Ell' est doulce, et de bon subiect.

Montano.

En plainctz et pleurs ma chair distile,
Comme au soleil neige subtile,
Ou comme lon ueoit par effect
Qu'au uent la nue se defaict
Et ne scay moyen d'y pourueoir.
Pensez quel mal ie puis auoir.

Vranio.

Pensez quel mal ie puis auoir,
Car comme cire fond au feu
Que l'eau froyde estainct peu a peu,
Ie me consume : on le peult ueoir:

B iiij

Et de ce las ne ueuil sortir.
Tant me plaist ma peine sentir.
Montano.
Tant me plaist ma peine sentir,
Qu'au son de ma Muse ie danse,
Tendant a mortelle cadence:
Car ie poursuy sans diuertir
Vn Basilic que i'ay cherché
Par ma fortune, ou mon peché.
Vranio.
Par ma fortune ou mon peché
Ie uoys tousiours cueuillant fleurettes,
Dont ie faiz chapeaux d'amourettes,
Pleurant de me ueoir empesché
A un Tigre pacifier,
Qui est trop cruel, et trop fier.
Montano.
O ma doulce amye Philis
Aussi blanche que le beau Liz,
Et plus uermeille que le pré
De fleurs en Auril dyapré,
Plus prompte a fuyr qu'une Biche,
Et d'amoureux guerdon plus chiche
Que Syringua qui un roseau
Deuint, et tremble encor en l'eau
Pour les maux que i'ay endurez,

Monstre

Monstre moy tes cheueux dorez.
Vranio.
Tyrrhena dont le tainct resemble
Laict & roses meslez ensemble,
Plus legiere a fuyr qu'n Dain,
Doux feu bruslant mon cueur soudain,
Voire plus dure a mes recors
Que celle qui feit de son corps
Le premier Laurier en Thessale,
Pour effacer ma couleur palle,
Tourne deuers moy tes doux yeulx,
Ou niche Amour uainqueur des dieux.
Montano.
Pasteurs qui estes cy autour,
Et nous oyez chanter a tour
Si feu querez, uenez en prendre
En moy reduict en Salemandre
Bien heureux monstre, et miserable
Pour l'ardeur en moy perdurable
Depuis l'heure que sans esgard
Ie fuz nauré du beau regard,
Auquel pensant mon cueur se glace,
Et si brusle en tout temps et place.
Vranio.
Pasteurs qui pour fuyr au chault
Cherchez l'umbrage ou n'ayt default

De rafraichissement d'eau uiue,
Venez a moy, que douleur priue
De ioyeux espoir, & qui rens
De mes yeux, deux amples torrens
Deslors que ie uey la main blanche
Qui lya ma uolunte franche,
Et mon cueur si bien pourchaßa,
Que tout autre amour en chaßa.

Montano.

La nuyt uient: le Ciel se faict sombre:
Les montz au plat pays font umbre:
Mais les estoilles & la Lune
Nous reconduyront en la brune.
Tout le bestail se meèt ensemble
Hors des boys, ueoyant (comme il semble)
L'heure qu'il y auroit danger
Que les loupz en ueinsent menger.
Les guydes aux uillages tendent,
Puis noz compagnons nous attendent
Craignans quelque perte aduenue
Depuis que la nuyt est uenue.

Vranio.

Ie n'en sache point en esmoy
Pour ma demeure: & quant a moy
Ia n'en bougera mon troupeau
Qu'il n'ayt tresbien emply sa peau.

Quand

Quand tu me feroys compagnie,
Ma pannetiere est bien garnye,
Et aussi est bien ma bouteille
Pleine de bon uin de ma treille,
Dont tant qu'il y en aura goutte,
On ne uerra que ie me boute
Au chemin pour m'en retourner,
D'eust il & plouuoir & tonner.

Ia se taysoient les deux pasteurs ayās acheué de chanter, quand nous leuez de noz sieges laissasmes la Vranio auec deux compagnōs, et suyuismes nostre bestail, qui bonne piece auoit s'estoit mis au retour soubz la conduicte des chiens fideles. Et nō obstant que les sureaux chargez de feuilles et de fleurs, umbrageassent quasi toute la uoye, qui toutesfois estoit assez ample, la lueur de la Lune estoit si claire que nous y ueoyions comme en plein iour. Lors en cheminant par le silēce de la nuyt, propoz se meurent du passetemps receu la iournee, et fut grandement estimée la nouuelle facon de commencer de Mōtano: mais beaucoup plus la promptitude et asseurance d'Vranio, qui auoit commencé a chanter n'estant a grand peine esueillé: et ne luy auoit le sommeil rien sceu diminuer de sa louenge meritée. Parquoy chascun rēdoit graces aux dieux de

ce que ainſi par cas fortuit nous auoyent cõduictz
a ſi grande recreation. Entre ces deuiſes ſe enten-
doit aucunesfois le murmure des Faiſans qui ſ'esba-
toient en leurs aires, choſe qui nous faiſoit ſouuẽt
interrõpre noz propoz: qui (ſans point de doute)
nous ſembloyẽt beaucoup plus doux que ſ'ilz euſ-
ſent eſté cõtinuez ſans une ſi plaiſante interruptiõ.
En ce contẽtement nous arriuaſmes a noz maiſons:
ou, apres auoir chaſſé la fain a force de uiandes ru-
ſtiques, nous allaſmes (comme de couſtume) dormir
ſus la paille, attẽdans en ſinguliere deuotion le iour
enſuyuant, auquel ſe deuoit ſolennellemẽt celebrer
la ioyeuſe feſte de la ſaincte Pales uenerable Deeſſe
des paſteurs. Pour la reuerẽce de laquelle auſſi toſt
que le Soleil apparut en Orient, et que les oyſillons
ramages ſe meirent a chanter ſus les branches des
arbres, annõceans la prochaine lumiere, chaſcun ſe
leua de ſon giſte, et ſa maiſon tapiſſa de rameaux
de Cheſne ou Cormier, parant l'entrée de feuillars
entremeſlez de fleurs de Geneure et autres que la
ſaiſon produyſoit. Puis on alla deuotement faire la
proceſſion alẽtour des Eſtables, perfumant de ſou-
phre uif tout le beſtail, et dauãtage le purifiant par
deuotes prieres, afin que mal ou incõuenient ne luy
peuſt aduenir. Ce pendant lon entendoit par toutes
les cabannes reſonner diuers inſtrumens champe-
ſtres

stres:et furēt les rues et carrefours des uillages ionchez de feuilles de Myrte,et autres herbes odorantes. Aussi pour deuemēt solennizer la saincte feste, tous animaux iouyrent du repoz desiré : mesmes les Charrues,Coutres, Rasteaux, Besches et autres outilz d'agriculture parez de fleurs de toutes sortes,donnerent manifeste indice d'agreable oysiueté. Et ny eut aucun manouurier qui pour ce iour presumast faire un seul acte de labeur:ains tous ioyeux et deliberez se meirent a chāter amoureuses chansons:et faire plusieurs ioliz esbatemens enuiron les Beufz embouquetez et attachez aux mengeoires plaines de fourrage. Pareillement les petitz Garsonnetz pleins de merueilleuse uiuacité sen alloyēt parmy les cāpagnes auec les simples fillettes iouāt à diuers ieux pueriles en signe de commune lyesse. Mais pour dignement presenter noz offrandes sus les autelz fumans,et accomplir les ueux faictz en noz aduersitez passées,tous ensemble nous en allasmes au temple. Auquel estant montez par un petit nombre de marches, apperceumes au dessus du portail quelques forestz et montaignes de platte painĉture, enrichies d'arbres feuilluz, et de mille diuersitez de fleurs. Entre lesquelles estoient quelques troupeaux de bestes qui s'en alloient pasturāt et promenant le long des prez auec une dixaine de

chiens de garde, la trasse desquelz se monstroit
comme naturelle sus la terre. Aucuns des pasteurs
tiroyent les bestes: autres tõdoient les laynes: aucũs
sonnoient de Cornemuses: et d'autres s'efforcoyent
(cõme il sembloit) d'accorder leurs uoix au sõ d'icel
les. Mais ce que plus entẽtiuemẽt me pleut a regar-
der, furẽt certaines Nymphes nues, lesquelles estoiẽt
demy cachees derriere une tige de Chastaignier, et
ryoiẽt d'un moutõ qui s'amusoyt a rõger une brã-
che de Chesne pẽdant deuãt ses yeux, qui luy ostoit
la souuenãce de paistre les herbes d'autour de luy.
Et ce pẽdant suruenoyent quatre Satyres cornuz a
tout leurs piedz de chieure, qui se couloyẽt a trauers
une touffe de Lẽtisques tout doulcemẽt pour les sur
prẽdre par derriere: dont les belles s'apperceuans
tournoyẽt en fuyte par le plus espois de la forest, sãs
craindre buyssons ou autres choses qui leur peussẽt
nuyre. L'une d'ẽtr'elles plus agile que les autres estoit
mõtée sus un Charme: et de la se defẽdoit auecques
une lõgue brãche qu'elle tenoit en sa main. ses cõpa
gnes s'estoiẽt de peur gettées en une riuiere par ou
elles se sauuoiẽt en nageãt, dõt les undes estoient si
claires, qu'elles ne cachoiẽt que peu ou rien de leurs
charnures blãches & delicates. Puis se ueoyant es-
chappées du peril, estoiẽt assises a l'autre riue trauail
lées, et presque hors d'alene, essuyãt leurs cheueux
mouillez,

mouillez. mais il sembloit qu'en gestes & paroles elles se uoulussẽt mocquer de ces Satyres qui ne les auoiẽt sceu attaindre.A l'un des costez de ceste paincture estoit figuré Apollo,leql appuyé sus un bastõ d'Oliuier sauuage, le long d'une riuiere gardoit les bestes d'Admetus.Et pour estre trop entẽtif a regarder le cõbat de deux puissans Toreaux qui s'entreheurtoiẽt de leurs cornes,il ne s'auisoit du cauteleux Mercure qui luy destournoit ses uaches,estant desguyse en habit de pasteur portãt une peau de chieure soubz son esselle.Mais tout ioignãt estoit Battus deceleur de ce larrecin,transformé en pierre, tenãt encores le doy estendu cõme qui enseigne quelque chose. Vn peu plus bas se pouoit ueoir derechef ce mesme Mercure assis cõtre une roche,ayãt les ioues enflees de sõner une cheurette, mais il guygnoit du coing de l'œuil une Genice blãche estãt pres de luy soubz la cõduicte d'Argus,qu'il s'efforcoit deceuoir par toutes manieres de finesse.De l'autre part gisoit au pied d'un hestre un pasteur endormy au meillieu de ses chieures, sa pannetiere soubz sa teste,en laquelle un chien mettoit le museau. & pour autant que la Lune le contemploit de bon œuil, i'estimay que c'estoit Endymion.Aupres de luy estoit Paris,qui auec sa faucille auoit cõmencé d'escrire Oenoné sus l'escorce d'un Orme, mais il ne l'auoit encores sceu

acheuer, pour la suruenue des troys deesses, dont il
luy falut faire le iugement. Et qui n'estoit moins
subtil a penser, que delectable a regarder, fut l'ap-
perceuance du paintre discret, lequel ayant figuré
Iuno et Minerue de tant extreme beaulté qu'il eust
esté impossible de plus, se deffiant de pouoir pain-
dre Venus si belle comme le besoing requeroit, la
paignit le doz tourné, excusant par telle industrie
l'imperfection de son art. Plusieurs autres belles
choses (dont maintenāt ne me souuient) estoient mi-
ses sus ce portail. Mais quand nous feusmes entrez
au temple, et peruenuz a l'autel sus lequel repo-
soit la statue de la saincte Deesse, nous trouuasmes
un Prestre uestu d'une Aulbe blanche, et couronné
de feuilles uerdes, comme il estoit requis en tel iour
et si solennel sacrifice : lequel en admirable silence
nous attendoit pour faire les diuines ceremonies.
Et plus tost ne nous ueit rēgez autour du sacrifice,
que de ses propres mains il tua une brebiette blan-
che, de laquelle il offrit deuotemēt les entrailles sus
le feu sacré, auec de l'encens masle, de rameaux
d'Oliuier, de Pin, et de Laurier, ensemble de l'herbe
Sabine. Puis agenouillé uers Orient, les bras esten-
duz, en repēdant un uaisseau de laict tiede, ainsi
commença son Oraison:

O uenerable et saincte Deesse, la merueilleuse
puissance

puissance de laquelle s'est plusieurs foys manifestée
en noz aduersitez passees, ie te supply preste a ce-
ste heure tes oreilles ententiues aux deuotes prieres
de ce peuple circunstant, lequel en toute humilité
requiert pardõ de ses offenses: ascauoir si par mes-
garde il s'estoit quelque foys assiz, ou auoit faict
paistre ses bestes soubz aucun arbre sacré : Ou si
entrant dedans les forestz inuiolables, son arriuée
auoit troublé les passetẽps des sainctes Dryades et
dieux demy boucquins: Ou si par indigẽce d'herbes
il auoit a coupz de coignée despouillé les boccages
sacrez de rameaux umbrageux pour subuenir a
son bestail pressé de famine. Lequel semblablement
si par brutalité auoit cõtaminé les herbes d'enuiron
les paisibles sepulcres : Ou de ses piedz fangeux
troublé les sources des claires fontaines, corrompãt
leur purité accoustumée: Toy propice Deesse ap-
paise les deitez offensees, preseruant tousiours les
pasteurs et leurs troupeaux d'incõueniens & ma-
ladies. Ne permetz que noz yeux indignes puissẽt
aucunesfoys ueoir emmy les forestz les Nymphes
uindicatiues, ou la claire Diane toute nue se baigner
dedans les eaux froides: ou le sauuage Faunus lors
que sus le plus chault du iour il retourne de la chaf-
se, las, trauaillé, & sans aucune proye, dont par de-
spit s'en ua courãt a trauers les cãpagnes. Destourne

G

de nous & de noz bestes tous blasphemes et imprecations de magicque. Garde noz tendres aigneletz de la poison des yeux pleins d'enuie. Sauue la troupe uigilãte des chiens, qui sont le refuge et seur appuy des brebiettes craintiues, afin que leur nõbre ne puisse aucunemẽt appetisser, et qu'il ne se treuue moindre les soirs au rentrer es estables, que les matins allant en pasture. Faiz que ne puissions iamais ueoir aucuns de noz pasteurs lermoyant rapporter au logis la peau sanglante d'une beste a grãd peine recousse de la gueulle du loup. Chasse loing de nous la dangereuse famine, & nous procure abondance d'herbes, feuilles, & claires eaux, tant pour nostre usage, que pour abbreuuer et nettoyer noz bestes: lesquelles semblablement nous soient en toutes saisons fertiles de laict & d'engeance, mesme si bien reuestues de layne, que nous en puissiõs tirer agreable profit.

    Ceste oraison dicte par quatre foys, & autant par nous taisiblement murmurée, chascun pour se purger se laua les mains d'eau de fontaine uiue. Puis ayant faict allumer force feux de paille, nous saultasmes par dessus les uns apres les autres, afin que la fumée emportast quant et soy noz offenses du temps passé. Cela faict nous retournasmes deuant l'image de la saincte Deesse presenter

ter noz oblations & offrandes. Puis le sacrifice
acheué saillismes du temple par une autre porte
qui nous mena en une campagne couuerte de prez
merueilleusement delectables, lesquelz (a mon iu-
gement) n'auoyent encores esté brouttez de mou-
tons ou de chieures, ny foulez d'autres piedz
que de Nymphes. Et pense que les mouches a miel
n'en auoient encores gousté de la saueur des fleurs:
tant elles se monstroient saines & entieres. En ces
prez nous apperceusmes une troupe de bergieres
qui s'en alloient promenant le petit pas, en faisant
des chapelletz qu'elles affuloyent en mille modes
sus leurs cheuelures blondes, chascune s'effor-
ceant de surmonter par artifice ses dons de nature.
Entre lesquelles Galicio choysissant (de fortune) sa
mieux aymée, sans se faire prier aucunement, a-
pres auoir getté quelques souspirs du fons de sa
poyctrine, sonnant Eugenio de sa musette, ainsi com
mencea doucement a chanter, chascun faisant si-
lence.

GALICIO SEVL.

A u riuage d'un ruysseau
D' argentine & courante eau,

C ij

E n un boys de fleurs orné
V n pasteur bien atourné
D e mainte feuillue branche,
P ar expres d'Oliue blanche,
C hantoit au pied d'un grand Orme
A u poinct que l'aube se forme
L e tiers iour du moys qui naist
A uant Auril, qui tant plaist.
  Vne infinité d'oyseaux
S us arbres & sus roseaux
R espondoyent a sa chanson
En tresarmonieux son.
L ors tourné uers Orient
D eit au Soleil en ryant:
  Ie te prie ouure ta porte
P lus matin, & nous apporte
V ermeille aube, & temps serain,
P asteur, de tous souuerain:
E t te metz en ton deuoir
D e faire auant saison ueoir
V n beau May delicieux,
F leury, doux, & gracieux.
  Monte plus hault d'un degré:
T a seur t'en scaura bon gré,
C ar elle prendra repoz
P lus grand, & plus a propoz.

Et faiz

Et faiz que suyuent ses pas
Les estoilles par compas:
Car aussi bien que nous sommes,
Bergier fuz entre les hommes.
　Vallées, roches, cypres,
Et tous arbres d'icy pres
Escoutez ce que i'exprime
En ceste humble & basse ryme.
　Aux troupeaux doux et traictables
Plus ne soyent loupz redoutables.
　Le monde plein de meschance
Tourne a sa premiere chance.
　Les coupeaux des montz diuers,
Soyent de roses tous couuers:
Et par les espines pendent
Raisins qui lyesse rendent.
　Des chesnes saille & degoutte
Le doux miel goutte a goutte.
　Fontaines inuiolees
Courent de laict aux uallees.
　Naissent fleurs de grand beaulté.
Bestes qui ont cruaulté,
Totalement la uomissent,
Et d'yre plus ne fremissent.
　Les petitz amours grand erre
Viennent des cieux en la terre

C iij

Tous nudz, sans feu, ny sans traict,
Mais tous pleins de doux attraict,
Et s'entreiouent ensemble
Comme enfans quand bon leur semble.
  Toute Nymphe s'estudie
De chanter en melodie.
  Faunes & Syluans en renges
Vestuz de feuillars estranges,
Saillent, dansent, courent, cryent,
Fontaines & prez en ryent.
Et sus ces montz ne soyent ueues,
Meshuy bruynes ou nues:
  Car en pareille iournée
L'humaine beaulté fut née,
Et la uertu pure & munde.
Regaigna place en ce monde:
  Pour le moins y a esté
Recongneue chasteté,
Qui long temps en fut bannye
Par une estrange manye.
  Dont tous les coupz que ie uoys
Me promener dans les boys,
I'engraue de ma main dextre
Amarantha sus un Hestre,
Si qu'il n'y a celuy d'eux,
Qui ne monstre un coup ou deux

Le beau

Le beau nom de ma maistresse,
Qui peult finer ma destresse,
Et garder que ie ne pleure,
Comme ie faiz a toute heure.
  Mais ce pendant qu'en ces montz
Troupeaux d'appetit semons
Yront errant ca & la,
Et que ces Pins que uoy la,
Auront les feuilles poinctues,
Ou que par uoyes tortues
Courront fontaines en Mer,
Muant leurs doux en amer,
Combien qu'elle les recoyue
Doulcement, puis les decoyue:
Pendant aussi qu'amoureux
Seront gays ou langoureux,
Et auront en apparence
Desespoir ou esperance:
De ma Nymphe le beau nom
Sera tousiours en renom.
Si feront ses mains, ses yeux,
Et cheueux d'or precieux,
Qui me font guerre bien dure,
Et qui trop longuement dure.
Mais la uie m'est pourtant
Chere, en mon mal supportant.

Chanson de plaisance née
Prie aux dieux toute l'année
Que cest heureux iour icy
Puisse estre a iamais ainsi.

La chanson de Galicio contenta merueilleusemēt tous ceux de la compagnie, mais ce fut en diuerses manieres: car les uns priserent sa uoix resonante, les autres sa bōne grace, disant qu'elle estoit assez attractiue pour induire a aimer toute pucelle, pour rebelle qu'elle fust a l'amour. Plusieurs estimerent sa ryme iolye, & encores inusitée entre pastoureaux rustiques. Et aucuns s'esbahyrent plus que d'autre chose, de son prudent aduis & discretion, quand se trouuant forcé de nommer le moys qui est perilleux aux pasteurs & aux bestes, il l'appella precedent d'Auril: comme s'il eust uolu euiter le mauuis Augure en une si gaye iournée. Mais moy qui ne desiroye moins congnoistre ceste Amarātha, que i'auoye esté curieux d'escouter la chāson amoureuse, tenoye songneusement les yeux fichez sus les uisages de ces ieunes bergieres, & les oreilles ententiues aux paroles du pasteur amoureux, estimant que ie le pourroye bien a l'ayse congnoistre par les gestes & contenances de celle qui se sentiroit nōmer de son amy. Et a la uerite ie ne fux deceu de

ceu de mon esperance : car en les contēplant toutes
l'une apres l'autre, i'en aduisay une merueilleusemēt
belle & de bōne grace, qui portoit sus ses blōdz
cheueux un beau cœuurechief d'un crespe delyé,
soubz lequel deux yeux estincellans resplēdissoyēt
auβi fort que claires estoilles par nuyt quād le ciel
est pur & serain. Le uisaige de ceste bergiere estoit
de forme perfaicte, un petit plus longuet que rond,
entremeslé d'une blancheur nō fade ou malseante,
mais moderée, & declinante sus le brun, accōpa-
gnée d'une gracieuse rougeur, qui rēpliβoit d'ex-
treme couuoytise les affections des regardans. Ses
leures estoyent plus fraiches & uermeilles que
roses espanyes de la matinee : et chascunefois qu'elle
parloit, ou soubzryoit, se descouuroit une portion
de ses dentz tant blanches & polyes, qu'elles sem
bloyent perles orientales. De la descendāt a la gor-
ge delicate, & plus finemēt blanche qu'alebastre,
i'apperceu en son sein deux tetins rons cōme deux
pommettes, qui repoulsoyent sa robe en dehors : &
entre deux se manifestoit une sente assez largette,
merueilleusement delectable, pour autant qu'elle
terminoit aux parties plus secrettes. qui fut cause
de me faire penser beaucoup de choses. Ceste pa-
stourelle dē riche taille, & de uenerable maintien,
se promenoit du long de la prarie, & cueilloit de

ſa main blanche les fleurs qui plus ſatisfaiſoyent à ſes yeux: & deſia en auoit plein ſon giron. Mais auſſi toſt que par le ieune paſteur elle entendit nommer Amarantha, ſon deuantier luy eſchappa des mains, & ſon eſprit ſ'eſmeut de ſorte qu'elle perdeit preſque toute contenance: dont ſans le ſentir, toutes ſes fleurs luy tumberent, & en fut la terre ſemée d'une uingtaine de couleurs differentes. Puis quand elle reueint a ſoy, ſe blaſmant en ſon courage, deuint auſſi rouge comme eſt quelque fois la face de la Lune enchantée, ou comme l'aube du iour ſe monſtre auant que le Soleil ſe leue. Et pour couurir ceſte rougeur procedant de honte uirginale, non pour autre beſoing qui a ce la cõtraigniſt, elle baiſſa la ueue en terre, & ſe print a recueillir ſeſdictes fleurs l'une apres l'autre, uoulant (a mon iugement) donner a entendre qu'elle ne penſoit fors a tryer les blanches d'auec les rouges, & les iaunes d'auec les uiolettes. Au moyen de quoy, ie qui ſongneuſement y prenoye garde, penſay congnoiſtre que c'eſtoit la bergiere de qui ſoubz nom fainct & couuert nous auions entendu chanter. Or incontinent qu'elle eut faict un chapelet de ſes fleurs recueillies, elle ſe meſla parmy ſes compaignes: leſquelles ayant auſſi deſpouillé la prarie de ſa dignite, & icelle appliquée

a leurs

à leurs usages, s'en alloyent marchant en grauité comme Naiades ou Napees, d'autant que par la diuersité de leurs coeffeures, elles auoyēt oultre mesure augmēté leurs grādes beautez naturelles. Les unes portoyent des couronnes de troesne, entrelassees de fleurs iaunes & rouges : les autres des liz blancz & bleuz attachez a quelques brāchettes d'Orengier. L'une blāchissoit entieremēt de Gensemis, & l'autre sembloit estellée de roses: tellement que chascune par soy et toutes en general representoiēt mieux espritz āgelicques, que creatures mortelles: ce q faisoit dire a plusieurs : O que bienheureux seroit le possesseur de telles beaultez. Puis uoyant les belles le Soleil ia fort haulsé, & qu'il se preparoit une bien grande chaleur, elles en se iouāt gracieusemēt ensemble dresserent leurs pas deuers une umbrageuse uallée, ou elles trouuerent des fontaines claires comme Crystal: & la se prindrent a rafraichir leurs beaux uisages non fardez ny reluysans par industrie, rebrassant pour ce faire, leurs manches estroictes par dessus leurs coudes, & par ce moyen nous donnant liberté de ueoir leurs bras tous nudz, l'enbonpoinct desquelz estoit grand accroyssement de beaulté a leurs mains tendres & delicates. A raison de quoy nous deuenuz plus desireux de les ueoir de pres, incontinent

en feiſmes les approches, & nous allaſmes ſeoir
ſoubz un arbre dont l'umbrage eſtoit aſſez am-
ple & ſpacieux. Puis cōbien qu'il ſe trouuaſt en la
troupe pluſieurs paſteurs ſingulierement bons ou-
uriers de ſonner harpes & muſettes, ſi pleut il
a la plus grand partie ouyr chanter Logiſto &
Elpino, a l'enuy l'un de l'autre. C'eſtoient deux ieu-
nes hommes natifz d'Arcadie, autant promptz &
appareillez chaſcun en ſon endroit a commēcer, cō-
me a reſpondre : Logiſto bergier, & Elpino che-
urier. Mais Logiſto ne uoulant chanter ſans gaigner
ou perdre quelque choſe, ſoudainemēt conſigna une
breby, & deux aigneaux, diſant a ſa partie : Tu
pourras de cecy faire ſacrifice aux Nymphes ſi la
uictoire t'eſt adiugée : mais ſi les dieux de leur gra-
ce me l'ottroyent, tu me bailleras pour la palme cō-
quiſe ton cerf domeſtique. Quant eſt de mon cerf
domeſtique (reſpondit Elpinu) depuis le iour que
ie l'oſtay a ſa mere qui encores l'allaictoit, ie l'ay
touſiours reſerué pour ma Tyrrhena, & pour l'a-
mour d'elle curieuſement nourry en cōtinuelles de-
lices, le pignant ſouuētesfois ſus les bordz des clai-
res fontaines, & attachāt a ſes cornes force beaux
boucquetz de roſes & de fleurs. Qui plus eſt, ie
l'ay ſi bien mignoté, qu'il ſ'eſt accouſtume de men-
ger a noſtre table. Et quād il eſt peu a ſō ayſe, il ſ'en
ua tout

ua tout le reste du iour errant par les forestz, puis reuient a la maison quād bon luy semble: mais c'est aucunesfois bien tard: & me trouuāt a la porte, ou ie l'attens de grande affection, il ne se peult souler de me faire mille caresses, ains sautelle entour moy, & faict infiniz autres esbatemens. Mais la chose qui me plaist de luy sus toutes, c'est qu'il congnoist & ayme sa maistresse, car il endure patiemment qu'elle luy mette le cheuestre au col, & l'applanye a son plaisir. Dauantage de sa franche uolunte luy tend le col pour estre attelé soubz le ioug, & par fois presente son doz afin qu'elle luy mette le bast, puis mōte dessus a sō ayse. Lors il la porte par les chāpz sans luy faire ny peur ny mal. Or ce collier de coquilles marines, ou pend celle dent de san glier qui a forme de croyssant, que tu luy ueoys battre sus la poyctrine, sadicte maistresse luy attacha, et faict porter pour l'amour de moy: parquoy ie ne mettray pas ce gaige: mais ie t'en fourniray d'un que tu iugeras nō seulement suffisant, ains plus receuable que le tiē. ce sera un grād bouc de poil bigarré, barbu a merueilles, armé de quatre cornes: & coustumier de uaincre les autres a heurter: uoyre qui par faulte de pasteur cōduyroit bien aux champz un troupeau, quelque grād qu'il fust. Et si ce n'est assez, ie mettray d'auantage un uaisseau d'Erable tout neuf, a belles anses du boys mesme: lequel (certes) a esté faict de la main d'un excellent ouurier : car en son millieu est taillé le rouge Priapus embrassant une Nymphe bien serré, & la ueult baiser maugré qu'elle en ayt, dont elle enflambée de cholere, tourne le uisaige en derriere, & faict tous ses effortz de s'en deuelopper, luy esgratignant le nez de sa main gauche, & de la droicte arrachant sa rude barbe. A l'entour d'eux sont troys enfans nudz, pleins d'admirable uiuacité : l'un desquelz employe toute sa force pour oster a Priapus la faucille de la main, ouurant puerilemët ses gros doiz l'un apres l'autre. Son compaignon grinsant les dentz, le mord tant qu'il peult en la iambe uelue, & faict signe au troysiesme qu'il leur uienne ayder. mais pour autät qu'il s'amuze a faire une petite cage de ionc & de paille pour enfermer (peult estre) des grillons, il ne faict compte d'aller au secours, & ne se bouge aucunement de sa besongne. De tout cela ce dieu lascif faisant bien peu d'estime, restrainct de plus en plus la belle Nymphe contre soy, totalement deliberé d'executer son entreprinse. Encores est ce mien uaisseau par le dehors enuironné d'un chapeau de pimpinelle uerde, entrelaßé d'un rouleau contenant ces paroles:

De

De racine telle naiſt
Qui de mon mal ſe repaiſt.

 Et te iure par la diuinité des fontaines ſacrées qu'onques mes leures ne le toucherẽt, ains l'ay touſiours nettement conſerué en ma pannetiere depuis le iour que pour une chieure & deux chaſieres de laict caillé, ie l'achaptay d'un marinier eſtrãge qui arriua d'auanture en noz foreſtz. Adonc Seluagio delegué iuge en ceſte partye, ne uoulut permettre que gaiges fuſſent mys, diſant qu'aſſez ſeroit ſi le uainqueur en auoit la louenge, & le uaincu la uergongne. puis feit ſigne a Ophelia qu'il ſonnaſt ſa cornemuſe, commandant a Logiſto commencer, & a Elpino replicquer. A l'occaſion de quoy a peine fut le ſon entendu, que Logiſto le ſuyueit en telles paroles:

   LOGISTO.

Qui ueult ouyr mes ſouſpirs (ô Bergieres)
E ſcriptz en uers de toute angoyſſe pleins,
E t quant de pas ou de courſes legieres
E n uain ie faiz nuyt & iour en ces plains,
L iſe en ces rocz, & arbres que uoy la:
T out en eſt plein deſormais, ça, & la.
   Elpino.
P aſteurs amys, en ce ual cy n'habite

Beste qui n'ayt ouy mon desconfort,
Et n'est cauerne en luy grande ou petite
Qui n'en resonne & murmure bien fort:
Car il ne croist herbe icy a l'entour
Sus quoy cent fois ie ne passe en un iour.
   Logisto.
Recors ne suis de l'heure bonnement
Qu'Amour me print en ce ual de seruage:
Car ie n'allay iamais aucunement
Franc & libere au long de ce riuage,
Ains ay uescu en telle passion,
Que les rochiers en ont affliction.
   Elpino.
Ie uoys querant par riuieres & mers,
Montaignes, boys, & campagnes aussi
Quelque allegeance a mes souspirs amers:
Mais ie perdz temps, car en ce ual icy,
Non point ailleurs, cesseront mes escriz
Qui maint pays passent en pleurs & criz.
   Logisto.
O animaux qui par le monde errez,
Declairez moy (ie uous prie pour dieu)
Ouystes uous oncques motz plus serrez
De forte angoysse en aucun autre lieu?
Vistes uous onc pasteur si longuement
Sè lamenter de son cruel tourment?

        Elpino.

Elpino.

Bien mille nuytz en pleurant ay paßé,
Dont i'ay ces chãps reduictz presque en marestz,
En fin m'aßeiz en ce ual tout laßé.
Lors une uoix me ueint de ces forestz
Disant, Elpin, le bon iour uient auprime,
Qui te fera chanter plus douce ryme.

Logisto.

O homme heureux, qui d'autre stile doys
Reconsoler tes ameres douleurs:
Et moy chetif, de iour en iour m'en uoys
Tous elemens faschant de mes malheurs,
Si que ie croy qu'herbes, fontaines, roches,
Et tous oyseaux en plaignent es uaux proches.

Elpino.

S'ainsi estoit (Logisto) quel pays
Ouyt iamais tant & de si doux sons?
Danser feroys boys & rocz esbahiz,
Comme Orpheus faisoit de ses chansons,
Et par les champs orroit on Tourterelles
Se resiouyr, & Ramiers entour elles.

Logisto.

Ie te requiers (Elpin) que chascun iour
Paßant par cy, ma tombe tu decores
Des fleurs qu'auras cueillyes en seiour,
Et que des uers tu me donnes encores.

D

D isant, Esprit qui as uescu de deuil,
R epose toy dessoubz ce dur cercueil.
Elpino.
L es fleuues ont et les roches ouy
Q u'un heureux iour de uenir s'appareille,
P our ton las cueur faire tout esiouy,
A bolissant ta douleur non pareille,
A u moins si l'herbe en mon ual desseurée
N e m'a deceu quand ie l'ay coniurée.
Logisto.
E n sec pays le poysson hantera,
R oches seront tendres, & la mer dure
M ieux que Tityre Ergasto chantera,
E t nuyt au iour fera honte & laidure
A uant que rocz & sapins de ce ual
O yent ma uoix chanter que de mon mal.
Elpino.
S i iamais homme a uescu de destresse,
C e suis ie (las) O champs uous l'auez ueu.
M ais esperant sortir par bonne adresse
D e ce ual cloz, & de roches pourueu,
P ensant au bien qu'aura lors ma personne,
D e mon flageol a plaisance ie sonne.
Logisto.
Q uand par les champs le iour plus ne luyra,
E t les rochiers du fons de la uallée

Doutance

D outance auront que le uent leur nuyra,
L ors ne sera ma muse desolée.

Ia par le declinemēt du soleil toute la partie occidētale se bigarroit de mille diuersitez de nuées, les unes uiolettes, les autres indes, aucunes uermeilles, autres entre iaune et noir, et de telles si luysantes par la reuerberatiō des rayōs, qu'elles sēbloyēt fin or bruny. Quoy uoyant les gentilles bergieres, d'un cōmun cōsentemēt se leuerēt d'enuirō la fōtaine, et les deux amoureux meirent fin a leurs chansons: lesquelles ainsi cōme en lōg silence auoyēt esté de tous escoutées, ainsi furent elles en grāde admiration, estimées de chascun egalement, & mesmes de Seluagio: lequel ne sachant discerner qui auoit esté plus prochain de la uictoire, les iugea tous deux dignes de souueraine louenge. Au iugemēt duquel, tous sans cōtredict acquießasmes, ne les pouuant estimer plus que nous auions faict. Puis estant chascū d'aduis, qu'il estoit desormais tēps de retourner a noz uillages, tout le petit pas nous meismes en chemin deuisans du passetemps de ceste iournée. Et cōbien que par l'aspreté du pays sauuage, touté la uoye fust plus montueuse que pleine, si nous donna ce soir autant de recreations qu'il s'en peult prendre en semblables endroictz par une ioyeuse

& gaillarde cōpagnie. Premieremēt chascū choyseit un pallet a sa fantasie : puis nous tirasmes a un certain but:dōt le plus pres approchāt,estoit quelque espace de chemin porté sus les espaules du plus loingtain:et toute la troupe luy alloit applaudissāt, & faisant merueilleuse feste, cōme en tel cas estoit requis. Puis laissans ce ieu,preimes les arcz & les fondes, atout quoy nous allions de pas en pas tyrāt fleches, & deschargeant pierres pour nostre plaisir: combien qu'auec tout art & industrie chascun s'efforceast de passer le coup de son cōpagnō. Mais quād nous fusmes descēduz en la plaine, ayās laissé derriere nous les mōtaignes pierreuses, d'un cōmun accord & pareille uolūte recōmenceasmes a prendre nouueaux esbatemens, tantost a saulter, tantost a darder noz houlettes, & puis a courir a qui mieux mieux, par les cāpagnes estendues: ou celuy qui par agilité arriuoit le premier a la merque designée, estoit par honneur couronné de rameaux de palle Oliuier, au son de la cornemuse. Dauātage (cōme il aduient souuent emmy les boys) sourdās regnars de quelque endroit, & cheureulz saillans de l'autre, nous preniōs plaisir de les poursuyure auec noz chiēs,les uns par cy,les autres par la,tant que nous arriuasmes a noz maisōs: ou feusmes bien receuz des compagnons qui nous attendoyent

doyent a soupper. Lequel depesché, & bône partie de la nuyt passée en plusieurs autres recreatiõs domestiques, quasi lassez de plaisir, ottroyasmes le repoz a noz corps bien exercitez. Mais incontinent que la belle Aurore dechassa les estoilles du ciel, & que le Coq matineux salua de son chāt le iour qui poignoit, denonceant l'heure que les beufz accouplez doyuent retourner au labeur ordinaire, [attelés] l'un des pasteurs leué plus matin que les autres, resueilla toute la brigade au sõ du cornet enroué. Lors chascun laissant le lict paresseux, s'appareilla quāt & l'aube a receuoir nouueaux passetemps. Parquoy tirées noz bestes hors des estables, apres elles nous meismes en uoye. Et comme elles alloyent par les coyes forestz, resueillant du son de leurs campanes les oyseaux encores endormyz, nous allions imaginant en quel lieu lon se pourroit retirer au gré de chascun pour y estre tout le long du iour en faisant paistre le bestail. Et comme nous estions en ce douté, chascun proposant un lieu a sa fantasie, Opico le plus ancien de la cõpagnie, merueillusemēt estimé entre les pasteurs, se print a dire: Si uous uoulez, amys, qu'a ce matin ie soye uostre conducteur, ie uous meneray en un lieu assez pres d'icy, ou ie suis certain que ne prendrez peu de plaisir: de ma part ie ne me puis garder d'en auoir souue-

D iij

naice a toutes heures, pour autāt que ie y paſſay heureuſement preſque toute ma ieuneſſe entre chāſons & armonies, tellement que les rochiers me congnoiſſent, & ſont bien appris de reſpōdre aux accentz de ma uoix. La (cōme ie penſe) nous trouuerōs encores pluſieurs arbres, cōtre leſquelz au tēps que i'auoye le ſang plus chault que maintenāt, i'eſcriuy atout ma faucille le nom de celle que i'aimoye plus que tous mes troupeaux: et croy que les lettres ſeront creues auec les arbres. Parquoy ie prie aux dieux qu'il leur plaiſe les cōſeruer a l'exaltation et louēge eternelle de celle pour q̄ elles furēt faictes. Tous en general trouuaſmes ſi bon le cōſeil d'Opico, que a une uoix luy reſpōdeiſmes que nous eſtiōs appareillez de le ſuyure ou bon luy ſembleroit. Et n'euſmes pas faict gueres plus de deux mille pas de uoye, que nous arriuaſmes a la ſource d'un fleuue nomme Erymanthus, lequel par une creuaſſe de roche uiue ſe gette en la plaine, faiſant un bruyt merueilleux & eſpouentable par ſes bouillons ſi uiolētz, qu'ilz engēdrent force eſcume blanche: et courant par icelle plaine, il faſche & preſque aſſourdit de ſō murmure les foreſtz circūuoyſines, ce qui de primeface feroit peur ineſtimable a qui yroit ſās cōpagnie ſe promener la au long: & nō certes ſans bōne cauſe: car ſuyuant la cōmune opinion des prochains

chains habitās, lon tiēt quaſi pour certain, que c'eſt le repaire des Nymphes du pays, lequelles font ce bruyt ainſi eſtrange pour mettre frayeur es courages de ceux q̃ en uoudroiēt approcher. Or a raiſon q̃ pres d'une telle tēpeſte nous n'euſſiōs ſceu prēdre le plaiſir de chāter ny deuiſer, peu a peu cōmeceaſmes a mōter la montaigne aſſez facile, laquelle eſtoit chargée (peult eſtre) de mille que Pins, que Cyprez, ſi gras & ſpacieux, q̃ chaſcū p ſoy euſt quaſi eſté ſuffiſant d'ūbrager toute une foreſt. Et quād nous feuſmes an <u>coupeau</u>, uoyās que le Soleil eſtoit un peu monté, nous nous aſſeiſmes peſle meſle ſus l'herbe. mais noz brebiz & noz cheures qui aymoient mieux paiſtre que repoſer, grimperent aux lieux difficiles et cōme inacceſſibles d'icelle mōtaigne, & ſe prindrēt a broutter, l'une un buyſſō, l'autre un <u>ſourgeō d'arbriſſeau</u> ne faiſāt gueres q̃ ſortir de terre. quelq'une ſe hauſoit pour prēdre une brāche de ſaule, et quelque autre ſ'en alloit rōgeāt les <u>bourgeōs des cheſneteaux,</u> et des erables: meſmes pluſieurs beuuās dās les fōtaines, ſe reſiouyſſoyent d'y ueoir leurs figures: et penſe q̃ qui les euſt ueues de loing, euſt peu dire qu'elles eſtoyēt pendātes, & preſtes a tumber. Mais entretant que nous contemplions ententiuement ces choſes qui faiſoyent oublier a dire les chanſons, & tous autres paſſetēps:

D iiij

Soudainement nous sembla ouyr de loing un son cõme d'un haultboys, & de Naccaires, entremeslé de plusieurs exclamations de pasteurs merueilleusement penetrātes: parquoy sans autre demeure tirasmes uers celle partie de la montaigne ou ce tumulte s'entẽdoit: & tant cheminasmes atrauers la forest, que finablemẽt trouuasmes enuiron dix uachiers qui dansoyent en rõd a l'entour du venerable sepulchre du defunct Androgeo, imitans les Satyres, qui souuẽtesfois par les forestz enuirõ la mynuyt attendent les Nymphes aymées au sortir des fleuues prochains. Quoy voyãt, nous meslasmes parmy eux pour celebrer le mortuaire office. Entre ces uachiers celuy qui estoit de la plus grãde apparẽce, se meit au meilleu du bal pres la haute pyramide cõtre un autel nouuellemẽt faict d'herbes odoriferentes, et la (selõ la coustume antique) se print a rependre deux uaisseaux de laict fraiz, deux de sãg sacré, deux autres de bon uin uiel rendant une fumée merueilleusemẽt agreable, & grãde abõdance de fleurettes diuerses en couleurs, accordant en douce & piteuse armonye au sõ du haultboys & des Naccaires, chãtãt diffusemẽt les louẽges du pasteur la enseuely, disant, Resiouy toy Androgeo, resiouy toy noble pasteur: et si apres la fin de ceste uie l'ouyr est cõcedé aux ames sãs corps, escoute a cest heure

plainte digne.

heure noz paroles: et pres en bône part ces louēges
de tes bouuiers, nonobstāt qu'elles ne soyēt cōpara-
bles a celles q̃ tu peulx auoir au lieu ou maintenāt tu
resides en eternelle felicité. Certes ie croy q̃ ton ame
gracieuse ua uoletāt a ceste heure alētour de ces fo
restz: & qu'elle ueoit et entēd de poinct en poinct
ce que par nous auiourd'huy se faict en memoire
d'elle sus ceste neuue sepulture. Or s'il est ainsi, com
ment se peult il faire qu'elle ne responde a tant ap-
peller? Dea, tu soulois auec le doux son de ta mu-
sette resiouyr toute ceste forest, la remplissant d'ar-
monie inestimable. Es tu doncques maintenant con-
trainct de gesir en eternel silence, par estre cloz en
un petit lieu, entre des pierres froydes & dures?
Helas, par tes doulces paroles tu soulois si bien ac-
corder les controuerses des pasteurs. O comment tu
les as a ta departie laissez douteux, & mal con-
tens oultre mesure? O noble pere & patron de tou
te ceste troupe pastorale, ou trouuerons nous ton pa
reil? de qui suyurons nous les cōmādemens? Soubz
quelle discipline uiurons nous desormais en asseu-
rance? Certainement ie ne puis penser qui sera d'icy
en auant nostre fidele directeur es choses douteu-
ses qui peuuent aduenir. O pasteur sage & discret,
quand te reuerront noz forestz? Quand seront en
ces montaignes aymées la iustice, la droicture, &

la reuerence des dieux? Lesquelles florissoyent si noblement soubz tes aelles, que iamais (par aueture) le uenerable Terminus ne borna plus egalemēt les champs en debat, que tu as faict en ton uiuant. Helas qui chantera desormais les Nymphes en noz boys? Qui nous dōnera en noz aduersitez salutaire conseil, & consolation en noz tristesses, comme tu soulois en chantant tes rymes iolyes sus les riuages des fleuues courans? Helas a peine peuuent noz troupeaux pasturer emmy les prez sans entendre le son de ta musette: & durant ta uie ilz souloyent si doulcement ruminer les herbes soubz les umbrages des chesneteaux. Helas a tō departemēt noz dieux s'en allerent quant et toy, & delaisserent ceste contrée: car du depuis, autant de foys que nous auōs en noz terres semé le pur fromēt, a chascun coup nous auōs en sō lieu receuilly la malheureuse yuraye, ou des steriles auoynes entre les sillōs desolez. Mesmes en lieu qu'elles souloyent produyre uiolettes, & autres fleurs odoriferentes: maintenāt elles nous apportent des ronces, chardons, & espines poignantes. Pourtant pasteurs gettez feuilles et fleurs en terre : puis de rameaux umbrageux faictes courtines aux fraiches fōtaines: car nostre Androgeo requiert qu'ainsi se face en memoire de luy. O biē heureux Androgeo, adieu eternelemēt: adieu.

Voyci le

Voyci le pasteur Apollo tout gaillard, qui uient a ton sepulcre le decorer de ses couronnes de Laurier: & les Faunes semblablemēt auec leurs cornes embouquetées, chargez de rustiques presens, qui t'apportent chascun ce qu'il peult, asçauoir des champs les espiz, des uignes les raysins en moyssines, et de tous arbres les fruictz meurs & parez. A l'enuie desquelz les Nymphes circunuoysines, que tu as par cy deuāt tant aymées, seruies et honorées, uiennent maintenant auec beaux paniers d'osiere blanche, pleins de fleurs & pōmes odoriferētes, te recōpenser des seruices que tu leur as faictz. Mais qui est de plus grāde importāce, uoire de telle singularité que lon ne sçauroit dōner aux cēdres enseuelies don ny present plus exquis ny tāt durable, les Muses te dōnent des uers, des uers te donnent les Muses: & nous auec noz flagoletz te les chantons, & chanterons a perpetuite, pour le moins tant que troupeaux pourront paistre en ces boys, & que ces Pins, Erables, & Planes qui t'enuironnent, & encourtineront tant que le monde sera mōde, murmureront ton uenerable nom, et que les Toreaux mugissans, auec toutes les troupes chāpestres ferōt reuerēce a tō umbre, te cryāt a haute uoix parmy les forestz resonnantes: tellement que des cest'heure en auant tu seras mis au catalogue de noz dieux,

& te ferons sacrifices aussi bien cõme a Bacchus
& a la saincte Ceres, en yuer aupres du feu, & en
esté a la fraiche umbre. Et auant sueront les Ifz
mortiferes miel doux & delicieux, & les fleurs
soefues & delicates le feront amer & de mauuai-
se saueur, plustost aussi se moyssoneront les bledz
en yuer, & en esté se cueilleront les oliues perue-
nues a deue maturité, que par ces forestz perisse t.
renommee.   Ces paroles finyes ce uachier se
print soudainemẽt a sonner une Cornemuse, qui luy
pendoit entre les espaules: a la melodie de laquelle
Ergasto ayant quasi les lermes aux yeux, ouurit sa
bouche pour chanter ainsi:

Ergasto sus la sepulture.

O belle ame aux dieux alliée,
Qui de ta prison deslyée,
Toute pure uolas aux cieux,
O u t'esbas auec ta planete,
Disant mainte gaye sornette
De noz pensers ambicieux:
 Entre les plus luysans espritz
Comme un Soleil tu as le pris,
Et de tes dignes piedz tu marches
Dessus les estoilles errantes
Entre myrtes & eaux courantes

(marginalia: description de l'ame heureuse)

Preschant

P reschant les pasteurs de ces marches.
 Tu ueoys autres montz, autres plaines,
A utres boys, & riuieres saines
A u ciel, & plus fraiches fleurettes.
A utres Faunes, autres Syluans
P ar lieux ioliz Nymphes suyuans
E n plus heureuses amourettes.
 La entre odeurs sans nul encombre
N ostre Androgeo chante a l'umbre
E ntre Melibee & Daphnis,
R auissant le ciel doucement,
E t accordant tout element
P ar ses motz en douceur finiz.
 Comme honneur Vigne a l'Orme faict,
A ux troupeaux Toreau bien refaict,
E t aux champs les bledz undoyans:
A insi (pere) tu fuz la perle
D e tous pasteurs : & moy qui parle,
I e le tesmoigne a tous oyans.
 O mort qui peulx tous cueurs estaindre,
S i ta flambe scait bien attaindre
L es plus haultz, qui t'eschappera?
Q ui uerra iamais en ce monde
P asteur de si gaye faconde,
E t qui loupz si bien happera?
 Qui chantera si plaisans uers

Tant les estez, que les yuers?
Et qui semera des branchettes
Sus les fontaines argentines,
Leur faisant ioyeuses courtines
A leurs delectables couchettes?
   Les Deesses plaignirent fort
Ta uiolente & dure mort,
Ce sçauuent eaux, roches, & arbres:
Tous les riuages en gemirent,
Et les herbes couleur en mirent
Palle comme est celle des Marbres.
   Le Soleil ne monstra ses raiz
En boccages, champs, ou maraiz
De long temps apres: & les bestes
Qui sauuages sont de nature,
Aux prez ne uindrent en pasture
Les iours ouurables, ny les festes.
   Noz troupeaux aussi ne gousterent
Quelque liqueur, & ne broutterent
Vn brin d'herbe: tant leur greua
Ce cas douloureux: & les boys
Nommoyent ton nom a pleine uoix,
Dont maint cueur presque se creua.
   Or uerras tu dorenauant,
Face pluye, serain, ou uent,
Sus ta tombe ueux & offrandes

De chapeaux

D e chapeaux de fleurs qu'y mettront
T es bouuiers, lesquelz en gettront
D es exclamations bien grandes.
  Par ainsi en toutes saisons,
Q uand pasteurs tiendront leurs raisons,
T u uoleras de bouche en bouche,
C omme ung coulomb, & ne uerras
Q ue le renom que tu auras,
A yt d'oubliance aucune touche.
  Non tant que serpens en buyssons
S eront, & en eau les poyssons,
E t ne uiuras par mon seul stile,
M ais par celuy de maintz pasteurs,
D e uers mesurez amateurs,
D ont te sera l'ouurage utile.
  Chesnes feuilluz, druz & serrez,
S' aucun esprit d'amour uous poingt,
F aictes umbre aux os enterrez
E n ce lieu, mais n'y faillez point.

Ce pendant qu'Ergasto chantoit la piteuse chanson, Fronimo tresingenieux être les autres l'escriuit en une uerde escorce de hestre : et apres l'auoir enrichie d'un chapeau de triumphe, la pendit a un arbre estédant ses rameaux par dessus la blanche sepulture. Puis uoyans que l'heure de disner estoit

quasi passée, nous retirasmes aupres d'une claire
fontaine sourdante au pied d'un sapin: & la estans
assiz par ordre, preimes nostre refection de la
chair des animaux qui auoyent esté sacrifiez sus
le monument, faisant des entremectz de laict des-
guysé en plusieurs sortes, auec des chastaignes, &
autres fruictz que la saison apportoit. Et pour estan
cher la soif, nous eusmes des uins uieux d'une fram
boyse & odeur excellente, lesquelz remettent en
ioye les cueurs marriz ou faschez. Puis quād nous
eusmes appaisé la fain a force de uiandes diuerses,
les uns se meyrent a chanter, les autres a compter
des fables: aucuns a iouer : & plusieurs surpris de
sōmeil, a dormir. Finablemēt moy (a qui, pour estre
tant esloigné de mō pays, & autres iustes accidēs,
toute resiouyssance estoit occasion de douleur infi-
nye) ie m'estoye getté au pied d'un arbre, doulou-
reux, & mal cōtent oultre mesure: & lors i'apper
ceu a moins d'un gect de pierre, un pasteur uenant
deuers nous a grās pas, bien ieune de uisaige, uestu
d'un roquet de la couleur des Grues, portant a son
costé gauche une belle pānetiere d'un simple cuyr
de ueau auorté. il auoit sus sa perruque pēdant sus
ses espaules plus finement blonde que le iaune de
la rose, un bonnet uelu, faict (comme ie congneu de-
puis) de la peau d'un loup, & tenoit en sa main
droicte

droicte un aiguillon merueilleusement beau,dont la
poincte estoit garnye de cuyure neuf: mais ie ne
sceu oncques deuiner de quel boys: car s'il eust esté
de Cormier,ie l'eusse biē peu cōgnoistre aux neux.
& s'il eust esté de Fraisne, ou de Buys, la couleur
me l'eust incontinent descouuert. Ce pasteur uenoit
en une grauité si grāde, que ueritablement il sem-
bloit le beau Troyen Paris,quand(au cōmencement
de bergerie) il demouroit dans les hautes forestz
auec sa Nymphe,courōnant les moutōs uictorieux.
Et lors qu'il fut approché de moy gisant pres d'une
butte ou aucuns tiroyent, il demanda aux bouuiers
s'ilz auoyent point ueu une sienne uache de poil
blanc,merquée d'une tache noyre au front,laquelle
en ses fuytes passées auoit acoustumé de se mesler
entre leurs Toreaux. Adonc pour responselu y fut
amyablement dict qu'il ne se uoulsist fascher de se-
iourner auec la cōpagnye iusques a ce que le chault
du mydy seroit monté, pource qu'en celle heure les
troupeaux auoyent apris de se retirer a l'umbre
pour ruminer les herbes ceuillies du matin:& que
si sa uache ne reuenoit quāt & eulx, ilz l'enuoye-
roient chercher de tous costez par un ualet nōmé
Vrsachio, a cause qu'il estoit robuste & uelu com-
me un Ours, lequel la rameneroit ou nous estions.
Alors Carino (ainsi estoit appellé celuy qui auoit a-

E.

diré ſa uache blanche) ſ'aſſeit ſus un tronc de he-
ſtre uis a uis de nous : & apres pluſieurs propoz
ſ'adreſſe a noſtre Opico, le priant bien affectueuſe-
ment qu'il uoulſeiſt chanter quelque chanſon. Le
quel demy ſoubzryant luy reſpondit en ceſte ma-
niere: Mon filz mon amy, les ans, & l'aage deuo-
rant, emportent auec ſoy toutes choſes terriennes,
uoire qui plus eſt, les eſpritz, encores qu'ilz ſoyent
celeſtes. Bien me ſouuient qu'en ma ieuneſſe i'ay
maintesfoys chanté ſans me laſſer, depuis que le
Soleil ſe leuoit, iuſques a ce qu'il ſe couchaſt: mais
maintenant quaſi toutes mes chanſons me ſont ſor-
tyes de la memoire: & qui pis eſt, ma uoix ſ'en ua
touſiours en decadence, pour autant que les loupz
m'apperceurent les premiers. Et quant cela n'y ſe-
roit rien, ma teſte griſe, & mon ſang refroidy, ne
permettent que ie m'employe es choſes qui appar-
tiennent a la ieuneſſe. Auſſi long temps y a que ma
Muſette eſt pendue deuant le ſauuage Faunus. Tou-
tesfois il ſe trouuera en ceſte troupe pluſieurs pa-
ſteurs qui ſcauront bien reſpõdre a tous autres qui
les uouldront prouocquer a chanter. Ceulx la (mon
filz) pourrõt ſatisfaire a ce que me demãdez, meſ-
mes encores que ie ne face mention des autres qui
ſont (ſans point de doute) ſinguliers, & de grand
ſcauoir. Voyla noſtre Serrano, lequel ſi Tityre ou
Melibee

Melibee l'entendoient,ilz ne se pourroient tenir de
luy donner souueraine louenge.Cestuy la chantera
(s'il luy plaist)pour l'amour de uous, & de moy,
& nous donnera du plaisir. Adonc Serrano pour
rendre graces a Opico comme il meritoit, respon-
dit: Combien(pere)que ie soye le moindre,& le
moins eloquent de ceste compagnie, & que a bon
droict tel ie me puisse nõmer: si est ce que pour ne
faire office d'hõme ingrat enuers celuy lequel m'a
cõtre raison & deuoir reputé digne d'un si grand
hõneur,ie m'efforceray de luy obeyr entãt qu'il me
sera possible. Et pource que la uache adirée de Ca
rino,me faict maintenant souuenir d'une chose qui
ne me plaist gueres,i'entens châter de ce subgect.
Pourtãt uous pere,laissant la uieillesse,& les excu
ses a part,lesquelles a mon iugement sont plus su-
perflues que necessaires,s'il uous plaist me respon-
drez. Puis ainsi commencea:

  Serrano.

Combien que ia uous soyez fort aagé,
E t de sens meur(pere Opico)chargé
P ar les pensers qui se couuent en uous,
S i lamentez(helas)auecques nous:
E t prenez part de l'amere douleur
Q ui m'amaigrit,& faict perdre couleur.
 Au iourd'huy plus au monde ne se treuue

E ij

Vers dorés.
A ucun amy quand ce uient a l'espreuue,
M orte est la Foy, en son regne est Enuie.
M auuaises meurs corrompans nostre uie,
D e iour en iour se renouuellent ores:
M eschant uouloir & trahison encores
T iennent les rengz, pour les biens de ce monde,
Q ui faire font maint acte ord & immunde,
S i que le filz tous les coupz a son pere
M achinera dommage ou uitupere.

T el de mon bien rira, qui dissimule:
T el me plaindra, qui n'aura douleur nulle,
A ins en derriere auec sa lime sourde
A mon honneur fera playe bien lourde.

Opico.
L' enuie (filz) qui ne uient a son esme,
F ond & dechet tout ainsi de soy mesme
C omme l'Agneau qu'œuil mauuais faict mourir
Q u'umbre de Pin ne le peult secourir.

Serrano.
S i le diray ie, ainsi m'aydent les dieux,
E n me uengeant du paillard odieux
Q ui m'a meffaict, auant qu'Orges & Bledz
P ar moyssonneurs soyent en gerbe assemblez.
E t pour purger mon cueur de son despit,
Q ue ruyner le uoye sans respit
D u hault a bas d'un grand Chesne, ou d'un Orme,
si qu'il

Si qu'il se brise, ou du moins se difforme,
Tant que mon sens ne sache lors choysir,
S'il aura plus de pitié que plaisir.
 Scauez uous bien ce pas qui quand il pleut
Est si fangeux, que sortir on n'en peult?
La nous faisans au uillage retour,
Ce malheureux se tire en un destour.
Que plaise aux dieux que telle soit sa uie,
Qu'il la despite ayant de mort enuie.
 Nul n'y print garde, a cause que chantions,
Mais en ce poinct comme nous esbations
En ma maison un peu deuant soupper,
Vn pasteur uint a la porte frapper,
Et me cria: Serrano, ie faiz doutes
Que tu n'as pas en tect tes cheures toutes.
Dont en courant ie tumbay en la rue:
Encor m'en deult le coulde quand ie rué.
Las, s'il estoit homme es prochaines cours,
A qui pour droict ie peusse auoir recours.
Mais, O quel droict? dieu qui nous peult ayder,
Veuille abolyr les causes de playder.
 Ce faulx larron, qui puisse auoir les fieures,
Me desroba deux cheureaux, & deux cheures.
Voyla comment auarice domine
Au monde caut, en faisant bonne mine.
 Ie luy diroys certes clair & ouuert

E iij

Mais cestuy la qui tout a descouuert,
M'a faict iurer que ie n'en diray rien:
Dont fault que soys muet perdant le mien.
Considerez (pere) s'il m'en fascha.
   Il s'est uanté que troys foys il cracha
En perpetrant ce larrecin nuysible,
Dont il deuint a noz yeux inuisible,
Acte qui fut pour luy sage & prudent:
Car s'il eust faict le cas tout euident,
Iamais ne feust de mes chiens departy,
Qu'il n'eust esté en cent pieces party:
Car quand ilz sont acharnez une foys,
Siffler ny sert, ou braire a pleine uoix.
   Sus soy portoit des herbes monstrueuses,

Bergers
Sorciers.

Pierres de pris, grandement uertueuses:
Palles liqueurs, os de mort, de la pouldre
Prinse es tumbeaux, a craindre autãt que fouldre:
Et qui plus est, des coniurations
Fortes assez en operations,
Qui le faisoient muer quand il uouloit,
En uent legier, en eau qui s'escouloit,
En buyssonnet, ou herbe en toute part.
Ainsi le monde est abusé par art.

         Opico.

C'est Proteus doncques: lequel expres
Se transformoit de liege en un Cyprés,

                    D'aspie

DE SANNAZAR. 36

D'aspic en Tigre inhumain & felon,
De beuf en bouc, fleuue, ou roche, selon
Sa uolunté.

Serrano.

Or uoyez doncques pere,
Si le faulx monde & remply d'impropere
N'engrege pas allant de mal en pis,
Meschans haulsez, & les bons assopis.
Las uous deussiez (ce me semble) uouloir
Auecques moy uous en plaindre & douloir,
Penfant au temps bon de soy, que depraue *le temps bon de*
Incessamment le monde fier & braue. *soi.*

Opico.

Mon filz, alors que ie touchoys a peine
Les plus prochains rameaux de terre plaine,
Et apprenois sus mon asne a porter
Mouldre le grain, pour me bien enhorter
Mon pere uieil qui m'aymoit cherement,
Me souloit bien appeller doulcement
A l'umbre fraiz des lieges umbrageux,
Non pour me dire ou sornettes, ou ieux,
Ains comme on faict a ieunes Garsonnetz,
Qui les mentons ont de barbe encor netz,
La m'enseignoit a conduyre troupeaux,
Traire le laict, tondre laynes des peaux:
Puis ses propoz par fois s'entremesloyent

E iiij

L'ARCADIE

Du temps iadiz que les bestes parloyent:
Et me disoit que le Ciel en effect
Produisoit lors plus de biens qu'il ne faict,
Veu que les dieux ne desdaignoient mener
Le bestaul paistre aux champs ou ruminer,
Et qu'a chanter ainsi que nous faisons,
Leurs passetemps prenoyent toutes saisons.
 Qu'on n'eust sceu ueoir un homme estre en debat
Encontre un autre, ains tousiours en esbat:
Veu que les champs, prez, forestz & pastiz
N'estoyent encor limitez ny partiz:
Que lors le fer, qui (ce semble) extermine
Le genre humain, n'estoit hors de sa myne,
Et qu'il n'estoit encores mention
De faulx rapport, & faulse inuention,
Dont guerre sourt, & dont tout mal se germe,
Qui par douleur faict pleurer mainte lerme.
 Qu'on n'eust sceu ueoir ces rages furieuses,
Ny a playder personnes curieuses.
Parquoy chascun malheureux se destruit,
Pensant auoir son proces bien instruit.
 Que les uieillars, quand ilz n'en pouoient plus,
Et leur falloit estre au logis reclux,
Ou se donnoient la mort sans crainte auoir,
Ou se faisoyent ieunes par leur scauoir,
Et par uertu des herbes enchantées

Qu'ilz scauoyent

l'eage doré.

Qu'ilz sçauoyent estre en quelque lieu plantées.
　Qu'adōc les iours n'estoiēt ny froidz ny sōbres,
Mais temperez, serains, & sans encombres,
Et n'oyoit on chahuan ne hyboux:
Ains chant d'oyseaux armonieux & doux.
　Mesmes que terre adonc ne produysoit
Noir aconite, ou herbe qui nuysoit,
Comme elle faict, dont chascun a raison
De lamenter en piteuse oraison:
Ains qu'elle adonc estoit couuerte & pleine
De mainte plante & de maint' herbe saine,
Comme sont baulme, & lermoyant encens,
Odorant myrre, & confortant le sens.
　Que chascun lors a l'umbre delectable
Mengeoit du glan, ou du laict profitable,
Grains de Geneure, ou meures en leur temps,
Et en estoient les bonnes gens contens.
O saison doulce, o uie gente & gaye.
　Quand il fault (filz) qu'en la memoire l'aye
Leurs actions, sans plus ie ne leur faiz
Honneur de bouche, ains comme a gens perfaictz
En mon esprit les honore & reuere
En m'inclinant uers la terre seuere.
　Mais ou est (las) ceste antique ualeur?
Ou est leur gloire? (O filz, o grand malheur)
Ou sont ces gens dont bruyt se faict entendre?

L'ARCADIE

H elas ilz sont redigez tous en cendre.
I olix amans auec leurs amourettes
D e pré en autre alloyent ceuillant fleurettes,
R amenteuans le feu, l'arc & le traict
D e Cupido tout plein de doux attraict.
I l n'estoit lors ny ialoux ny demy:
P arquoy dansant l'amye auec l'amy,
S' entrebaisoyent comme les coulombelles,
A u grand plaisir des mignons & des belles.
O pure foy, O douce usance antique.
O r ueoy ie bien le monde fantastique
I ncessamment aller en empirant,
T ant plus il ua deuers la fin tirant.
P arquoy mon filz quand ie pense a ce poinct,
I e sens mon cueur malade & mal empoint,
M' estant aduis qu'il se fend en deux pars,
C omme nauré d'aucuns uenimeux dars.

Serrano.

H elas pour dieu (pere) or uous en taisez
S ans mes espritz rendre plus malaysez:
C ar si i'osoys manifester la rage
Q ue i'ay dedans mon pertroublé courage,
I e feroys bien que montaignes & boys
E n gemiroyent de douloureuses uoix.
Q uant est a moy, ie me uoudrois bien taire:
M ais le despit & la douleur austere

Qui sont

Qui sont en moy,m'animent si tresfort,
Qu'il fault qu'a uous le dye en desconfort.
 Congnoissez uous Laccmio le cault?
En le nommant,le cueur presque me faut.
C'est ce meschant qui a ueiller consomme
Toutes les nuytz,& luy est premier somme
Le chant du Coc: dont Cacus il est dict,
Pource qu'il uict de larrecin maudict.

  Opico.
Est ce Cacus? O combien il en est
De telz que luy parmy ceste forest?
Ce nonobstant les sages ueulent dire
Qu'on pourroit bien detracter & mesdire
De mille bons pour un meschant paillard.

  Serrano.
Ie sçay tresbien(uenerable uieillart)
Que plusieurs gens s'entretiennent & uiuent
Du sang d'autruy,ou biens qui en deriuent,
I'en faiz souuent experience aperte
A mon dommage,& merueilleuse perte.
Tous mes mastins perdent temps a iapper,
Car iamais un ne m'en peuuent happer.

  Opico.
Ie congnois bien par ce que i'en puis ueoir,
Que trop de telz en doit au monde auoir:
Car si long temps ie me suis amusé

A querir sens, que i'en suis tout usé:
Le doz en ay tout courbe & bossu: mais
A qui que soit, ie n'en uendy iamais.
O mon amy, combien lon trouueroit
De paysans que bons on iugeroit
A les ueoir la, qui pillent & rauissent
Besches, rasteaux, coutres, & n'assouuissent:
Mesmes baisser ne daigneroient la face
Pour quelque outrage ou honte qu'on leur face.
  Ces meschans la comme un Gay rauissans
En ceste uie ont leurs cueurs & leurs sens
Tous endurciz, & tirent leurs mains pleines
Des sacz d'autruy, dont uiuent sans grans peines.

Estant Opico uenu a la fin de sa chanson, nõ sans grand contentement de toute la compagnie, Carino s'adressant amyablement a moy, me demanda qui i'estoye, de quel pays, & quelle occasion me faisoit demourer en Arcadie. Dont (apres auoir gette un grand souspir) quasi par contraincte luy respondy:
Ie ne puis (gracieux pasteur) sans merueilleux ennuy rememorer le temps passé, lequel encores que lon puisse dire ne me auoir esté gueres propice, si est ce qu'ayant maintenant a en faire le recit, consideré que ie me treuue en plus grande moleste que iamais, cela me sera un accroyssement de peine,
                                  & quasi

& quasi aygrissement de douleur a la playe mal
consolidée, laquelle naturellement fuyt de se faire
toucher souuet. Mais pource que l'expression de pa
roles, est aucunesfois aux miserables allegeance de
leurs faix, ie uous diray ce qu'il en est.

Naples (comme chascun de uous peut auoir plu-
sieurs fois entendu) est située en la plus fructueuse
& delectable partie d'Italie, sus le riuage de la
mer: au moyen de quoy elle est autant fameuse &
noble en armes & en lettres, que cité (parauéture)
qui soit en ce monde. Elle fut edifiée par un peuple
uenãt de Chalcide sus l'antique sepulture de la Se-
raine Parthenopé, dont elle print & retient enco-
res le uenerable nom. Ceste cité doncques est le lieu
ou ie prins nayssance, non de sang obscur & rotu-
rier, mais (s'il ne m'est discõuenable de le dire) d'u-
ne tresantique & noble lignée, de quoy rendent
bon tesmoignage les armes de mes ancestres appo-
sees aux plus apparentes places d'icelle: ou ie n'e-
stoye reputé le moindre des ieunes hõmes de mon
age: car l'ayeul de mon pere, qui estoit de la Gaule
cisalpine (combien que si lon prend garde au com-
mencement, il fut extraict de l'extreme Espagne,
& en ces deux contrées fleurissẽt encores au iour
d'huy les reliques de ma famille) fut oultre la no-
blesse de ses predecesseurs, homme tresnotable par

Naples.

la famille de Sannazar auteur de ce liure

ſes propres geſtes, & en la magnanime entrepriſe que feit le Roy Charles troyſieſme d'entrer au Royaume d'Auſonie, il merita par ſa uertu, eſtant Capitaine d'une bõne troupe de gẽs de guerre, d'auoir la ſeigneurie de l'antique Sinueſſa, auec grand partie des champz Falernes, & des montaignes Maßiques, & d'aduãtage la petite uille aßiſe ſus le riuage de l'impetueux Vulturne, pres du lieu par ou il entre en la mer: auec auſſi L'interno, encores que ce ſoit une place ſolitaire: toutesfois elle eſt memorable, a cauſe des cẽdres du diuin Scipion African, qui y furent enterrées: ſans ce qu'en la fertile Lucanie il tenoit ſoubz honorable tiltre pluſieurs bourgades & chaſteaux, du reuenu deſquelz il euſt peu uiure honorablement ſelon qu'il appartenoit a ſon eſtat: mais la fortune plus liberale a donner, que curieuſe de conſeruer les proſperitez mondaines, uoulut par ſucceßion de tẽps, apres la mort dudict Roy Charles, & pareillement de Ladiſlao ſon legitime ſucceſſeur, que le Royaume orphelin tumbaſt es mains d'une femme: laquelle incitée de naturelle inconſtance & mobilite de courage, adiouſta a ſes autres maleſices, ceſtuy cy: C'eſt qu'elle annichila & quaſi reduict en extreme perdition ceux qui auoyent eſté en ſouuerain hõneur magnifiez de ſon pere & de ſon frere. Oultre ce qui uou
droit

droit dire quelles, & en quel nōbre furent les neceſſitez que ledict ayeul & mon pere ſouffrirent, trop ſeroit long a racompter. Parquoy ie reuiens a moy, qui naſquy en ce monde enuiron les dernieres années que feu de bōne memoire le uictorieux Roy Alphonſe d'Aragō paſſa de ceſte uie mortelle a ſiecles plus trāquilles, ſoubz eſpouentables & malheureux prodiges de Cometes, trēblementz de terre, peſtilēces, & ſanglātes batailles: & fuz nourry en poureté, ou (comme diroyent les plus ſages) eſleué en modeſte fortune: & (cōme ma planete ou deſtinée uoulurent) a peine auoy ie huyt ans paſſez, que ie commenceay a ſentir les poinctures d'amour: car eſtant deuenu amoureux d'une petite fille, plus belle & plus mignonne a mon iugement, qu'autre que i'euſſe iamais ueue, deſcendue auſſi de hault & noble ſang, ie tenoye mō deſir caché plus ſongneuſemēt qu'il n'eſtoit cōuenable a mes ans pueriles. a raiſō de quoy elle q ne ſ'en apperceuoit, embrazoit de iour en iour & d'heure en heure mes tēdres ueines par ſō exceſſiue beauté, ſe iouāt iuuenilemēt auecques moy: en maniere que croyſſant l'amour auec les ans, nous perueimes en aage plus meur, et plus enclin aux ardētes affections. mais ne ceſſāt pour tout cela noſtre acouſtumée cōuerſatiō, ains augmentāt, a tous propoz elle m'eſtoit occaſiō

de plus grād trauail & melācholie: car il me sembloit que l'amytie, la beniuolence, & la tresgrāde affectiō qu'elle me portoit, ne tendoiēt a la fin que i'eusse bien desirée. Et cōgnoißāt que i'auoye quelque chose dans le cueur qu'il ne m'estoit besoing monstrer exterieurement, n'ayant encores la hardieße de me descouurir a elle en aucune maniere, pour ne perdre en un moment tout ce qu'il me sembloit auoir acquis en plusieurs années par industrieux labeur, i'entray en une si forte douleur & uehemente melācholie, que i'en perdy repoz & repas: dōt ie sembloye mieux umbre de mort, que uiue creature. duquel changement elle me demanda plusieurs fois la cause: mais pour responce ie ne luy rendoye qu'n ardant souspir. Et combien que dedans le petit lict de ma chambrette ie proposaße en mon entendemēt plusieurs choses pour luy faire entendre, neantmoins quād i'estoye en sa presence, incontinent ie pallißoye, trembloye, & deuenoye muet, de sorte que ie donnay (parauenture) occasion de souspeconer a plusieurs qui ueoyent mes contenances. Mais elle qui ne s'en apperceuoit iamais (ou pour sa nayue bonté, ou pour estre de cueur si froid qu'elle n'y pouoit receuoir l'amour, ou peult estre, & qui est le plus croyable, pour estre si sage, que mieux que moy le sçauoit dißimuler en gestes
& paroles,

& paroles) se monstroit merueilleusement simple
en ceste practique. Au moyen de quoy ie ne me pou-
uoye distraire de l'aymer, et si ne m'estoit expediét
demourer en si miserable estat: dont pour dernier
remede ie deliberay me priuer de ceste uie. Et pen-
sant en moymesme le moyen de ce faire, ie pour-
gettay diuerses & estranges conditions de mort.
Et ueritablement i'eusse mis fin a mes tristes iours,
ou par corde, ou par poyson, ou par une espée tren
chante, n'eust esté que mon ame dolente surprise de
ie ne scay quelle pusillanimité, deuint craintiue &
peureuse de ce qu'elle desiroit, tellement que chan-
geant ce cruel propos en plus meure deliberation
de conseil, ie prins le party d'abandoner Naples, &
la maison de mon pere, esperant aussi que ie pour-
roye laisser l'amour, & mes passions. Mais il m'ad-
uint (helas) bien autrement que ie ne pensoye, pour-
tant que si ie me reputoye infortuné lors que ie
pouuoie souuentesfois ueoir & parler a ma dame
tant aymée, pensant seulement que l'occasion de ma
langueur luy estoit incongneue: maintenant ie me
puis a bon droict nommer malheureux sus tous
autres, me trouuant par si grande distance de pays
absent de sa belle personne, & peult estre sans espe
rance de iamais la reuoir, ou d'en ouyr nouuelle
qui me soit aucunement propice, mesmes consideré

F

qu'en ceste bouillante adolescence il me souuient le plus du têps, entre ces solitudes d'Arcadie, des plaisirs de mõ delicieux pays. Certes i'ose bien dire (sauf meilleur iugement) qu'il seroit impossible, ou merueilleusemẽt difficile, que ieunes hõmes nourriz et esleuez es bonnes uilles, peussent icy en plaisir demourer, mais qui plus est, bestes brutes & sauuages n'y scauroient a leur gré conuerser. Et quand ie n'auroye autre affliction que la doubte de ma pensée, laquelle me tient continuellement suspendu en diuerses imaginations pour l'ardant desir que i'ay de reuoir ma mieux aymée, ueu que ie ne puis iour ne nuyt comprendre en mon esprit comment elle se maintient: si me seroit ceste angoysse trop rigoureuse & uehemente. Croyez amys, que ie ne ueoy iamais ny montaigne, ny forest, que ie ne me persuade a chascun coup d'y pouoir trouuer ma dame, cõbien que a le penser ce me semble une chose impossible: & n'y scauroye sentir aucun mouuement de beste, oyseau, ou branche d'arbre, que ie ne me retourne incontinent tout espouenté, pour ueoir si ce seroit point elle, qui seroit uenue en ce pays afin de ueoir & congnoistre la miserable uie que ie meyne pour l'amour d'elle. Ie n'y scauroye semblablement ueoir aucune autre chose, que de primeface & en plus grãde ardeur elle ne me remette en memoire

follie d'amour

la bonne

la bonne grace de madicte maistresse. Et me semble que les cauernes, les fontaines, les uallées, les montaignes, & toutes les forestz l'appellent ; & que les arbrisseaux resonnent incessamment son nom: entre lesquelz me trouuant aucunesfois, & contemplant les Ormes feuilluz embrassez des uignes rampantes, soudainemét me chet en la pensée une amertume angoysseuse & insupportable, considerant combien mon estat differe de celuy des arbres insensibles, qui iouyssent continuellement des gracieux embrassementz des uignes tant aymées: & moy par tant d'espace de ciel, par si grande longueur de terre, & par tant de distances de mer esloigné de mon desir, ie me consume en perpetuelles douleurs & lamentations. O quantesfois ay ie pleuré presque uaincu d'enuie, uoyãt les affectueux coulõbs baiser par les boys en doux murmures les coulombes amyables, puis desireux de plaisir s'en aller chercher le nid? Certes alors ie leur disoye O bien heureux animaux, ausquelz sans souspecon de ialousie est permis le ueiller & le dormir les uns auec les autres en seure paix & tranquillité, longues puissent estre uoz amours, lõg puisse estre uostre plaisir, afin que seul entre les uiuans ie puisse demourer spectacle de grieue misere & langueur. Il m'aduient aussi souuentesfois en gardant

Gentille Apostrophe.

les bestes (a quoy ie me suis acoustumé en cestes forestz uostres) que i'appercoy par les grasses campagnes quelque Toreau si <u>maigre & descharné que ses os debiles peuuent a peine soustenir</u> sa seiche peau: ce que ueritablemēt ie ne puis regarder sans trauail & douleur inestimable, pēsant bien que un mesme amour est occasion a luy & a moy de uie malheureuse & tormentée. D'aduantage me souuient que quand par fois ie me separe de la compagnie des autres, afin de pouoir mieux penser a mes martyres & afflictiōs parmy les solitudes, ie ueoy quelque genice amoureuse aller seulette mugißát par les hautes forestz, & cherchant le ieune Toreau: puis lasse & trauaillée se getter sus le bord de quelque riuiere, ou elle s'oublie de paistre & de donner lieu aux tenebres de la nuyt. Laquelle chose combien elle est ennuyeuse a regarder a moy qui meyne telle uie, celuy seulement le peult cōiecturer, qui l'a esprouué, ou espreuue. Asseurez uous amys qu'il me uient lors en la pensée une melancholie & tristesse incurable, auec une grande compaßion de moymesme, mouuante du dedans de mes ueynes: laquelle ne me laisse poil sus la personne, qu'elle ne face herisser d'horreur : puis en mes extremitez refroydies s'esmeut une sueur angoisseuse, auec un battement de cueur si fort, que ueritablement

Maladie d'amour

tablemēt ſi ie ne le deſiroye,i'auroye peur que mon ame dolente ne uouluſt ſaillir de mon corps. Mais pour quoy ſuis ie tant lōg a racompter ce que peult eſtre manifeſte a un chaſcun?Certainement amys ie ne m'entēs iamais appeller Sannazar par aucun de uous (nonobſtant que ce ſoit un ſurnom qui a eſté fort honorable a mes predeceſſeurs) que cela ne me face ſouſpirer rememorant que ma dame par-cydeuant me ſouloit nommer Syncero. Et ſi ne entens iamais ſon de muſette ny chant de paſteur,quel qu'il ſoit, que mes poures yeux ne uerſent une infinité de lermes angoyſſeuſes,pource que me reuiennent en la memoire les temps heureux auſquelz chantāt mes rymes ou uers compoſez,tout a l'heure ie m'entendoye par elle eſtimer ſingulierement. Et pour n'aller de poinct en poinct racomptant toutes mes peines, il n'y a choſe qui me plaiſe, il n'eſt ieu ny eſbatemēt qui me puiſſe,ie ne ueulx pas dire augmenter ma lyeſſe, mais diminuer mes miſeres, auſquelles ueuille mettre fin le dieu qui exauce les oraiſons & clameurs des douloureux, ou par prochaine mort,ou par ſucceßiō de tēps plus proſpere

Adōc Carino reſpōdit a ma lōgue cōplaicte ainſi: Syncero mon amy, tes douleurs ſont merueilleuſement grieues, & ne peuuent eſtre entendues ſans treſgrande compaßion.Mais dy moy,ie te prie,ainſi

F iiij

te puissent mettre les dieux entre les bras de la dame tant desirée, quelles rymes estoient ce que ie t'ouy nagueres chanter en pleine nuyt? Certainement si ie n'auoie oublié les paroles, il me souuiendroit bien de la façon. Et en recõpense ie te dõneray ceste musette de sureau, que i'ay ceuillye de mes propres mains en des mõtaignes bien difficiles, & fort loingtaines de noz uillages, tellemẽt qu'il n'est a croyre que iamais chant de Coq matineux arriuast iusques la pour luy oster sa resonãce. Auec ceste musette i'espere (si les dispositions fatales ne te sont contraires) que tu chanteras quelque fois en plus hault stile les amours des Faunes & Nymphes, & que comme tu as infructueusement dissipé les commencemens de ton adolescence entre pastoureaux simples & champestres, ainsi tu passeras heureusement ta ieunesse entre les trompes resonantes des nobles Poetes de ton siecle, non sans esperance d'eternelle renommée. Cela dict, il se teut: & moy en touchant & sonnant ma harpe, commenceay ainsi:

SYNCERO SEVL.

Vers de tristesse.

C omme nocturne oyseau du soleil ennemy
I e me uoys promenant las & fasché parmy
L ieux tenebreux & noirs, pẽdãt que sus la terre
              l'appercoy

I' apperçoy que le iour chemine & ua grand erre.
Puis quand ce uient au soir, le Soleil ne me donne
Repos, ainsi qu'il faict a toute autre personne,
Ains fault q̃ me reueille, & coure par les plains
Lamentāt grieuement & gettāt tristes plainctz.
 Mais s'il aduient par fois que ie ferme les yeux
En quelques uaux obscurs, ou solitaires lieux,
Comme landes, pastiz, & desertes forestz
Que le Soleil ne peult penetrer de ses raiz,
Cruelles uisions, erreur friuole & trouble
Me tourmẽtent si fort, & dōnent tant de trouble,
Que i'ay telle frayeur quand ce uient sus le soir,
Que pour ne m'endormir, n'ose a terre me seoir.
 O terre gracieuse, uniuerselle mere,
Ne pourray ie une fois en ma douleur amere
Dedans quelque uerd pré si bien me disposer,
Que iusq'au dernier iour ie puisse reposer
Sans point me reueiller tant que le Soleil uienne
Aux yeux troublez mōstrer la claire lueur siéne,
Faisant ressourdre alors mō corps et mes espritz
Du somme qu'ilz auront si treslonguement pris?
 Deslors que mon sommeil banny par desplaisir,
Et mon lict delaissay pour en terre gesir,
Les iours beaux et seraïs tous troubles m'ōt sēblé
Si ont les chāps fleuriz un droict chaume de blé:
Mais quād ce uiét au poinct que le Soleil retourne

F iiij

Des Antipodes bas, & a nous il adiourne,
Il me semble qu'il met entierement sa cure
De se monstrer a moy plus noir que nuyt obscure.
  Ma dame toutesfois un soir (la mercy d'elle)
En songe m'apparut assez ioyeuse & belle:
Dont mon cueur s'esiouyt, comme la terre faict
Du soleil apres pluye (ainsi que chascun scait)
Et me dict, Mon amy, cesse ton triste pleur:
Puis uien en mon iardin y cueillir une fleur,
Ces cauernes laissant, ou tu ne peux ueoir goutte:
Car tant que ie uiuray, ie seray tienne toute.
  Fuyez donc desormais malencontreux ennuys,
Qui m'auez faict auoir tant de mauuaises nuytz:
Car ie m'en uoys chercher la campagne iolye,
Bannissant de mon cueur toute melancholye,
Et doux sommeil prendray sus l'herbette menue:
Car iamais il n'y eut homme dessoubz la nue,
I'entens qui comme moy ait esté amoureux,
Plus ayse, plus content, plus gay, ny plus heureux.
  O chanson tu uerras au soir en Orient
Le soleil se leuer, son ordre uariant,
Et moy soubz terre mis par la fiere Atropos
Auant qu'en ce pays ie puisse auoir repos.

A peine estois ie paruenu aux dernieres nottes de ma chãson, quãd Carino s'escryãt me deit en ioyeuse uoix, se uoix; Resiouy toy pasteur Napolitain, & chasse tant que tu pourras loing de toy la perturbation de ton courage, rasseurant desormais ta face melácholique: car ueritablement tu retourneras a ton doux pays, & a la dame que plus tu desires, au moins si le ioyeux & manifeste signe q̃ les dieux en demonstrent, ne m'abuse. Helas, cõment se pourroit il faire? respondy ie lors. La uie me durera elle bien tant que ie la puisse reueoir? Certes ouy (deit il) & ne se doit aucun iamais deffier des augures & promesses des dieux, pource qu'elles sont toutes trescertaines & infallibles. Parquoy (mon amy) conforte toy, & pren esperance de future lyesse: car certainement i'espere que ton esperer ne sera uain. Ne ueoys tu pas sus main droicte nostre Vrsachio reuenir tout gaillard auec ma uache retrouuée, resiouyssant les forestz circunuoysines du son de sa Musette? A ceste cause, si mes prieres sont de quelque efficace en ton endroict, ie te prie & admoneste tãt que ie puis, qu'il te prẽne pitié de toymesme, et que tu mettes une fin a tes lermes angoysseuses: car (cõme dit le prouerbe) iamais on ne ueit saouler Amour de lermes, Prez de ruysseaux, Cheures de feuilles, ny Mousches de nouuelles fleurs. Et afin de te donner meilleur espoir en tes afflictions, ie te cõpteray une histoire de moymesme, combien que si ie

ne suis du tout ioyeux,a tout le moins suis ie en partie deschargé de mes amertumes & tristesses.Certes ie fuz en semblable et peult estre en plus douloureux estat,que tu n'es a present & ne fuz oncques,hors mis le uoluntaire exil qui tant te moleste:Car iamais tu ne te mis en peril de perdre ce qu'il te sembloit parauanture auoir acquis a grand labeur:cōme ie feys,qui tout a un coup mis tout mō bien,toute mon esperāce,et toute ma felicité,au hazart de l'aueugle fortune.Et ne doubte point que ie n'eusse perdu le tout sans recouurer,si ie me feusse desesperé de l'abondante grace des dieux, ainsi que toy.I'estoie doncques,combien que ie le soie encores,et seray tant que ie uiuray, des ma premiere ieunesse tresardammēt espris de l'amour d'une fille,laquelle,a mon aduis,par son excessiue beaulté ne surmonte seullement les autres pastourelles d'Arcadie,mais les sainctes deesses. Ceste fille pour autant que des son ieune aage auoit esté dediée au seruice de la saincte Diane, et que semblablement i'auoye esté né & nourry dans les boys , facilement elle auec moy,& moy auec elle nous acointasmes: et(cōme les dieux uoulurent)tant nous trouuasmes conformes de meurs & conditions, qu'une amytie & bienueuillance nasquit si grande entre nous, que iamais l'un ne l'autre n'auoit plaisir ne repoz
sinon

sinon quand nous estions ensemble. puis allions à la chasse par les forestz, garniz d'instrumens conuenables: & iamais ne reuenions chargez de proye, qu'auant qu'elle fust partie & diuisée entre nous, les autelz de la saincte deesse ne fussent honorablement uisitez & decorez de noz offrandes, attachant aux branches des Sapins quelque hure de Sanglier, ou quelque rameure de Cerf. Et combien que nous prinsions merueilleusement grand plaisir à toute maniere de chasse, celle des simples oysillons nous delectoit plus que toutes, pource qu'elle se pouoit cōtinuer auec plus grand plaisir, et moindre trauail, qu'aucune des autres. Aucunesfois auāt le poinct du iour, que les Estoilles n'estoient a grād peine disparues pour dōner lieu au Soleil, que nous ueoyons roußir en Orient entre les nuées uermeilles, nous en allions en quelque uallée loingtaine de la conuersation des gens, & la entre deux arbres les plus haultz que nous pouuions choysir, tendiōs nostre grāde retz, tāt delyée, qu'a peine la pouoit on discerner entre les branches: pour laquelle cause nous la nommions Araigne. Puis apres l'auoir ordonnée comme il estoit requis, accourans des limites du boys, & faisant des mains, bastons, & pierres, le plus espouuētable bruyt qu'il nous estoit poßible, en battant de pas en pas les hasliers &

L'ARCADIE

buyssons, uenions deuers le lieu ou nostre retz estoit preparée. Adonc les Tourdz, Merles, & autres oyseaux se prenoient a escrier, & fuyr deuant nouz, estonnez de sorte qu'a l'impourueu s'alloien gecter en noz aguetz, ou enueloppez demouroiét penduz comme en plusieurs poches. Parquoy nou uoyans la proye suffisante, laschions petit a petit les boutz des maistresses cordes, & en les amenant a terre, trouuions plusieurs oyseaux, les uns se plaignans, & les autres ademy mortz, en si grand nombre, que souuentesfois ennuyez d'en tant tuer, et n'ayans lieu pour les mettre, les emportions pesle mesle en noz logis dedans icelle retz mal ploiee. Par fois aussi en la saison d'Autonne que les espoisses trouppes des Estourneaux uolans se monstrent aux regardās quasi cōme une boulle rōde en l'air, nous faisions noz effortz d'en recouurer deux ou trois de leur espece, qui se pouoit faire bien aisemēt: puis attachiōs a la iābe d'unchascun d'eulx un peloton de ficelle engluée autant long qu'il en pouoit porter. Et quād la trouppe uolāte uenoit a s'approcher de nous, adonc laissiōs nous aller en liberté les nostres, qui soudainement selon leur instinct naturel tiroient deuers leurs compagnons, & s'alloiēt fourrer parmy eulx, dōt falloit bon gré maugré qu'auec la ficelle engluée ilz attirassent gran-
de

de partie de la confuse multitude: & les malheu-
reux qui se sentoient precipiter, ignorās la cause du
retardement de leur uol, se mettoiēt a crier de toute
leur puissance: en quoy faisant remplissoient l'air de
douloureux gemissemēs: mais finablement nous les
ueoyons de pas en pas tumber a noz piedz parmy
les campagnes, tellement que le plus souuēt retour-
nions en noz maisons auec les sacz tous pleins de
gibier. Il me souuient aussi que ie me suis beaucoup
de fois mis a rire des accidentz de la Corneille, &
uous orrez comment. A chascun coup qu'il nous *Esbat de la*
en tumboit une entre les mains, nous en allions en *Corneille*
quelque grande plaine, & la par le fin bout des
aelles l'attachions sus la terre le uētre contremont,
comme si elle eust uoulu regarder le cours des pla-
nettes. Et si tost qu'elle se setoit ainsi lyée, se prenoit
a cryer & demener si fort qu'elle faisoit assēbler
enuiron soy toutes les corneilles circunuoisines. Au-
cune desquelles (paraduanture) plus piteuse de l'in-
conuenient de sa cōpagne, que bien aduisee du sien
aduenir, se laissoit par fois aller tout d'un coup uers
la place ou estoit l'autre attachée, pour la secourir
s'il eust esté possible. mais souuentesfois pour bien
faire elle en receuoit mauuais guerdō: car plus tost
n'y estoit abordée, qu'elle ne fust estrainčte a beaux
ongles par celle qui attēdoit le secours, de sorte que

s'il eust esté a son choix, elle s'en feust uolūtiers defuelopée: mais c'estoit pour neāt, a cause que la prisonniere la serroit & tenoit si court qu'elle ne la laissoit tant soit peu separer. Parquoy uous eussiez ueu sourdre un nouueau combat, l'une cherchant de s'en fuyr, et l'autre de se remettre en liberté, chascune pour sa part plus ententiue a son salut, que a celuy de sa compagne. Lors nous cachez en quelque lieu pres dela, apres en auoir longuement pris nostre plaisir, les allions demesler: & la noise appaisée, rentrions en nostre cachette, attendans que quelque autre nous uinst redoubler le passetemps. Que uous diray ie de la Grue? Sans point de doubte il ne luy seruoit de rien faire le guect toute la nuyt, tenant une pierre en son pied: car en plain midy elle n'estoit bien asseurée de noz engins. Aussi que profitoit au Cygne se tenir dedans les eaux pour se garder du feu, craignāt la chute de Phaethon, si au meillieu d'icelles il ne se pouoit sauuer de noz mains? Et toy miserable Perdrix, a quelle cause euitois tu les toictz des edifices, rememorant le terrible accident de ton antique ruine, si en plaine terre quand tu pensois estre en plus grāde asseurance, tu uenois a tumber en noz las? Mais qui croyroit estre possible que l'Oye uigilante & songneuse guette des surprises nocturnes, ne sçauoit pour elle mesme

de la grue.

descouurir

descouurir noz machinations? Ie uous en dy autant
(amys) des Faisans, Coulombs, Tourterelles, Canars
de riuiere, & autres oyseaux: car il n'en fut iamais
aucun doué par nature de si grande astuce, qui se
peust promettre longue liberté, & se garder de
noz finesses. Mais afin que ie ne uoise racomptant
toutes choses par le menu, l'aage de m'amye & de
moy, croissant de saison en saison, la longue & cō-
tinuelle acoustumance se conuertit en un amour
si uehement, que ie n'auoie iamais ioye en mon
cueur sinon quand ie pensoie en elle. Et n'aiant, amy
Syncero, la hardiesse de luy descouurir aucunemēt
ma pensee, cōme tu as dict parcydeuāt, ie deuins si
piteux a ueoir, que nō seulemēt les autres pasteurs
en parloient: mais elle qui ne s'en doubtoit, & me
portoit merueilleusement bonne affection, en auoit
pitie & douleur inestimable. dont nō une seule fois,
mais plus de mille a grande instance me pria que
ie luy uoulsisse ouurir mon cueur, luy faisant enten-
dre le nom de celle qui de ce m'estoit occasion. Ainsi
ie qui pour n'oser me descouurir, supportoie en mō
courage une intolerable amertume, quasi auec les
lermes aux yeux luy respondoie, qu'il n'estoit licite
a ma langue nommer celle que i'adoroie pour ma
celeste deesse, mais que ie luy monstreroie bien son
excellent & diuin pourtraict, quand la commodité

m'en seroit offerte. Or l'ayant par ces paroles plusieurs iours tenue en espoir, aduint unefois qu'apres auoir bien giboié, elle & moy seulletz & eslongnez des autres pasteurs, nous retirasmes deuers quelque uallée ou sourdoit une fontaine, laquelle pour ce iour n'ayãt esté troublée par aucune beste ou oyseau, conseruoit en ce lieu sauuage sa clairté si pure, qu'elle sembloit de fin Crystal: car elle manifestoit les secretz de son fons transparẽt, de sorte que c'estoit une chose singuliere a regarder. Alentour de ceste fontaine lon n'eust sceu ueoir aucuns pas de bergers ny de cheures, a cause que pour la reuerẽce des Nymphes les tropeaux n'en osoient approcher. Ce iour la n'estoit dedans tumbé ne feuille ne branchette des arbres d'enuiron: parquoy paisible sans murmure ou reuolution de chose indecente s'en alloit par le pays herbu coulant si doulcement qu'a peine la ueoit on mouuoir. M'amye et moy nous assismes a l'une de ses riues: & apres nous estre un bien peu rafraichiz, en escoutant un doulx motet chanté, a mon iugement, par plus de cent diuerses sortes d'oyseaux, elle par nouuelles prieres recommencea me contraindre et coniurer par l'amour que ie luy portoie, que ie luy uoulsisse monstrer le pourtraict promis, prenãt les dieux en tesmoignage, & faisant mille autres sermens, que si bon ne me sembloit

bloit, iamais n'en tiendroit propos a personne. Adōc
en uersant une infinité de larmes, nō en ma uoix a-
coustumée, mais trēblante et casse, luy dy qu'elle la
pourroit ueoir en la fontaine. quoy entēdāt elle qui
desiroit cela sus toutes choses, simplement, & sans
plus y penser, baissa les yeux deuers ceste eau serie:
et la dedās apperceut son uisage exprimé au natu-
rel: dōt, si bien m'en souuiēt, prōptement se troubla,
et descoulora de sorte qu'elle fut preste d'en tūber
pasmée. Puis sās me dire un tout seul mot, en uisage
eschauffé se departit d'auecqs moy. Maintenāt chas
cun de uous (sans que ie le dye) peult considerer en
quel estat ie me trouuay, me uoyant en courroux a-
bandonner de celle que i'auoie peu auparauāt qua
si ueu pleurer de pitye qu'elle auoit de mon marty-
re. Quant a moy, ie ne scay (certes) que ie deuins en
cest instant, ne qui me reporta en ma maison: mais
bien uous puis ie dire, que ie fuz quatre iours &
autant de nuytz sans reconforter mon corps de re-
pos ny de repas: & que ce pēdant mes uaches af-
famees, closes en l'estable, ne prindrent substance
d'herbe ny d'aucune liqueur: parquoy les poures
ueaux susseans les tetines taries des meres ademy
mortes de famine, et n'y trouuans le laict acoustu-
mé, languissans aupres d'elles, remplissoiēt les pro-
chaines forestz de lamentables mugissemens: dont

G

ne faisant gueres d'estime, m'estoye getté sus la terre, & n'entendoye fors a me plaindre, tellemēt que iamais homme m'ayant ueu au temps de ma tranquillité passée, ne m'eust recogneu pour Carino. Les bouuiers, les pasteurs de brebiz & de cheures, auec les paysans des prochains uillages me uenoient uisiter, pensans que ie feusse sorty de mon sens (comme sans point de doubte si estois ie) & en grand pitié me demandoient la cause de mon affliction. Mais ie ne leur faisoye point de responce, ains entendant seulement a gemir, en lamentable uoix disoye : Vous Arcadiens chanterez ma mort en uoz montaignes. Arcadiens qui seulz de chāter estes maistres, en uoz montaignes ma mort uous chāterez. O que mes os reposerōt doulcemēt quād uoz musettes compteront mes amours & mon infortune a ceulx qui naistrōt apres moy. Finablemēt la cinquiesme nuyttée, estāt oultre mesure desireux de mourir, pour cest effect sorty de ma maison, mais ie ne m'adressay pas a l'odieuse fontaine, occasion de mon malheur, ains errant parmy les boys sans tenir uoye ny sentier, et atrauers des montaignes rudes et malaisées, ainsi que les piedz & la fortune me guydoient, a bien grand peine i'arriuay sus une haulte roche, pendante sus la mer, d'ou les pescheurs ont acoustumé descouurir les poyssons na-

geans

géans en flotte. Sus ceste roche auāt que le soleil se
leuast, ie m'asseis au pied d'un chesne: ou il me sou-
uint que i'auoye autresfois reposé ma teste dans le
giron de mon ennemye: comme si cest arbre eust eu
quelque proprieté pour remedier a ma fureur. Et
apres auoir longuement souspiré, ainsi que faict le
Cygne pronostiqueur de sa mort, ie me pris en uoix
lente et casse a dire ainsi les leçons de mes funerail-
les: O cruelle et despite fille, plus seuere ques les
Ourses furieuses, plus dure de cueur q̄ le boys des
chesnes enuieilliz, & plus sourde a mes prieres
que les flotz enragez de la mer tourmentée: tu
gaignes maintenant la bataille : car uoicy le poinct
que ie m'en uois mourir. Contente toy doncques do-
resnauāt: car iamais plus ma presence ne te fasche-
ra. Mais ueritablemēt i'espere que ton cueur, lequel
ma fortune prospere na sceu esmouuoir a pitié, s'a-
mollira par mō malheur: dont trop tard faicte pi-
toyable, seras, peult estre , cōtraincte de blasmer ta
grande rigueur, & desireras pour le moins ueoir
mort celuy, leq̄l uiuant tu n'as uoulu cōforter d'une
simple parole. Helas cōment se peult il faire, que la
grāde amytié laquelle tu m'as si longuement por-
tée, soit maintenāt bannie de ton cueur? Helas ne te
reuiēnent quelques fois en memoire les delectables
ieux de nostre enfance, et que nous alliōs ensemble

G ij

par les forestz cueuillir les fraizes, les faynes des hestres, et tirāt les chastaignes hors de leurs escorces? As tu desia mis en oubly les premiers lyz, & les premieres roses, que ie te souloie apporter des campagnes, que i'auoye si curieusemēt cherchées, qu'a grand peine en auoient encores les mousches a miel gousté, quand par mon moyen et pourchas tu alloys parée de mille nouuelles fleurettes, dont tu faisoys des chapeaux et boucquetz? Las cōbien de foys me iuras tu lors, que quād ie ne te faisoye compagnie, les fleurs ne t'estoient point odorātes, et les fontaines ne te rendoient leur saueur acoustumée? O ma uie douloureuse, a qui parlay ie maintenant?

Eccho. Qui escoute mes propoz, sinō Echo? laquelle croiāt mes angoisses, cōme celle qui autrefoys a faict l'espreuue de semblables, toute piteuse en murmurant respond au son de ma uoix. Toutesfoys ie ne scay ou elle est cachée. Que ne uient elle maintenāt s'accōpagner auec moy? O Dieux du ciel et de la terre, ensemble tous autres qui auez soing de miserables amoureux, ie uous supply prestez uoz piteuses oreilles a mes lamētations, et prenez garde aux dolentes uoix que mon ame faict sortir de mon corps. O Naiades habitātes des fleuues courās, O Napées tourbe gracieuse des lieux separez, & des pures fontaines, haulsez quelque peu hors des uagues

uoz

uoz testes blondes, et receuez mes derniers criz
auant que ie meure. Pareillemēt uous belles Oreades qui toutes nues auez apris d'aller chaßāt parmy les haultes riues, laissez maintenāt le domaine
des mōtaignes, et uenez a ce miserable, lequel, i'en
suis certain, uous fera pitié, encores que sa cruelle
dame prēne plaisir a le ueoir ainsi tourmēter. Saillez hors de uoz logettes o piteuses Hamadryades
songneuses conseruatrices des arbres, et prenez un
peu garde au cruel tormēt q̃ mes mains prōptemēt
m'appareillent. Aussi Dryades tresbelles damoyselles des haultes forestz, lesquelles noz pasteurs n'ōt
une foys seule, mais plus de mille ueu enuiron les
soirs danser en rond soubz les Noyers ayant uoz
blondes cheuellures esparses dessus les espaules.
Faictes, ie uous supply, si uous n'estes reuoltées auec
ma fortune inconstante, que ma mort ne soit celée
entre ces umbrages, mais que tousiours elle se uoise
diuulgant de iour en iour par tous les siecles aduenir, a ce que le temps qui deffault a ma uie, satisface a ma renōmée. O Loupz, o Ours, et tous autres
animaux, qui uous cachez dans les horribles cauernes, demeurez maintenant en seureté: car uous
ne uerrez iamais plus ce bouuier lequel auoit coustume de chanter par les mōtaignes & forestz. Adieu riuages, Adieu campagnes, Adieu riuieres &

G iij

ruyſſeaux, et uiuez longuemēt ſans moy. Mais pen-
dāt qu'en ſoef murmure uous yrez parmy les pier-
reuſes uallées, courant deuers la haulte mer, ayez
touſiours en ſouuenance uoſtre Carino, lequel fai-
ſoit icy paiſtre ſes uaches: lequel y couronnoit ſes
Toreaux, & qui auec ſa Cornemuſe y ſouloit eſ-
iouyr ſon beſtail, ſauourāt la liqueur des fontaines.
 En diſāt ces parolles, ie m'eſtoie leué pour me pre-
cipiter du hault en bas de celle roche, quād ſoudai-
nement ſus main droicte uey uenir deux Coulombs
blancz, qui en ioyeux uol ſe uindrent poſer ſus le
cheſne ſoubz lequel i'eſtoie, ou en peu de tēps ſ'en-
tredonnerent mille baiſers en doux et affectueux
bruyt: dont cōme de proſpere augure i'y prins eſpe
rance de bien futur: parquoy auec plus meur cōſeil
cōmēceay a me blaſmer de la folle deliberatiō que
i'auoie uoulu ſuyuir, aſcauoir de deſtruire par crue
le mort, une reparable amytié: & n'auoie encores
gueres demouré en ce penſer, quand ie me trouuay
(ne ſcay commēt) ſurpris de celle qui m'eſtoit occa-
ſion de tout ce mal: laquelle curieuſe de mon ſalut
auoit d'un lieu ou elle ſ'eſtoit muſſée, plainement
ueu et entendu tout ce que i'auoie dict et faict. par-
quoy nō autrement q̃ feroit une piteuſe mere es in-
fortunes de ſon unique filz, gettant maintes larmes
amoureuſes, et me recōfortāt d'un recueuil treſhon
neſte

neste,elle sceut si bien faire que de desespoir et de mort incontinent me remyt en l'estat q̃ uous uoiez. Or que dirōs nous maintenāt de la puissance admirable des Dieux? sinon qu'a l'heure qu'ilz mōstrēt nous menasser de plus perilleuse tempeste,c'est lors qu'ilz nous cōduysent a plus trāquille port. A cesté cause,Syncero mō amy,si tu prestes aucūe foy a l'histoire par moy cōptée,et si tu es hōme tel que i'estime,tu deurois desormais te recōforter cōme les autres,et fermemēt esperer en tes aduersitez, que tu pourras encores a l'ayde des Dieux retourner en plus ioyeux estat:car certainement il ne peult estre qu'entre tāt de nuées quelque fois ne se monstre le Soleil:et dois scauoir que tāt plus on a de peine d'acquerir les choses desirées,plus sont elles tenues cheres et precieuses quād on uiēt a en auoir la fruitiō. Cela dict,pour autāt qu'il se faisoit tard,mettāt fin a son propos,nous deit Adieu,et s'en alla touchāt sa uache deuāt soy. Mais si tost qu'il fut party de la cōpagnie,tous ensemble et en un mesme instāt apperceusmes de loing a trauers les arbres uenir dessus un petit asne, un hōme si herissé et tāt douloureux a ses gestes,q̃l nous faisoit grādemēt esmerueiller. mais apres qu'il se fut destourné de nous,et étré en un sentier qui tiroit a la uille,nous cōgneusmes sans point de doute q̃ c'estoit Clonico l'amoureux,pasteur

G iiij

tresdocte entre tous autres, et biē expert en la Musique. A raison de quoy Eugenio q̄ estoit de ses plus grãs amys, et scauoit toutes ses paſsiōs amoureuses, allant audeuant de luy, en noz presences se print a luy dire ainsi:

EVGENIO.

M ais ou uas tu sus ton asne en ce poinct,
P alle, transy, languissant, mal en poinct,
L e poil rebours, la barbe entremeslée,
E rrant tout seul parmy ceste uallée?
 Certainement qui te uerroit ainsi
P lein d'amertume, & comble de soulcy,
S' estonneroit, & diroit tout ensemble,
A Clonico cestuy la ne resemble.
 Peult estre as tu uouloir d'abandonner
L a solitude, afin de t'adonner
E n quelque uille, ou l'amour gette au double
D' ardz furieux, batuz en forge trouble.
femme muable) Mais qui fiance en feminin cueur met,
L abeure en l'eau: du grauier se promet
G rain receuillir, & le uent cuide prendre
E n un filé, qu'alencontre il ua tendre.

Clonico.

S i ie pouuoys desnouer de mes mains
L e neu cruel, ou le lascher du moins,
S i que mon col tant ne feust enserré

Dessoubz

Dessoubz le ioug ou il est enferré,
En ce pays n'auroit forestz ny champs
Ou bien souuent ne feisse ouyr mes chantz,
Si que Sylvans & Dryades diroient
Que Dametas & Corydon uiuroient:
Et leur feroys delaisser leur repos
Pour escouter mes deuiz & propos.
Puis en dansant feroyent souuent ouyr
Mille chansons pour maintz cueurs esiouyr,
Dont Satyreaux tous desceinctz & deschaux
Feroient sus l'herbe infinité de saultz.
Ainsi Amour & sa mere Venus
Vaincuz de deuil,& de rage tenuz,
A se blasmer pourroient bien condescendre
De n'auoir sceu me rediger en cendre.
 Toutes les fois que ce penser m'aduient,
En pasmoyson tumber il me conuient.
Las ne uiendra iamais l'heure & le iour
Qu'entre les francz pourray dire en seiour,
Graces aux dieux qui m'ont uoulu renger:
Eschappé suis d'un terrible danger?
   Eugenio.
Auant seront le Myrte & Geneurier
Secz en esté,comme antres en Ianuier,
Durant lequel sourdront de place en place
Nouuelles fleurs soubz transparente glace,

Que ce qu'en uain tu defires, aduienne,
Ie t'en affeure (amy) & t'en fouuienne.

Aueugle Amour   Si uoftre dieu Cupido ne ueoyt rien,
Comment peut il difcerner mal du bien?
Qui prend pour guyde un follet non uoyant,
Merueille n'eft s'il s'en ua foruoyant.

Vers diminu.   Ce uiure humain femble a une iournée
Qui fe uoyant trop toft a fin tournée,
Conceoit en foy telle uergongne & honte,
Que couleur rouge en la face luy monte.
Pareillement quand la uieilleffe ploye
Les ans uollans, que fi mal on employe,
Dedans les cueurs naiffent d'efpit & deuil,
Caufans foufpirs & mainte lerme d'œuil.
O Dieu, comment peuuent plaifir auoir
Poures mondains quand uiennent a fcauoir
Que tous noz faictz en ce ual terrien,
Incontinent font redigez en rien,
Et que noz biens les heures larronneffes
Furtiuement rauiffent par fineffes?

Mots dorés.   Il eft bien temps que ton ame enterrée
En ord bourbier, ou elle eft enferrée,
Auant la mort tafche a fe refentir:
Ou bien trop tard uiendras au repentir.
Mais fi toymefme a raifon ne te renges,
Quelle efperance en auront les eftranges?

Dea, si ton cueur ne peut d'amours iouyr,
I l est bien temps de follie fuyr.
  O quantesfois de tes sottes manieres
S e sont gaudiz ces montz & ces riuieres?
  Si tu me dis que ta grand passion
L es a par fois meuz a compassion,
E n as tu ueu les montz a toy courir
P our a ton mal par pitié secourir?
A s tu congneu l'eau son cours arrester
P our allegeance a ta peine prester?

          Clonico.
B ien heureux sont les cueurs d'amour uniz,
E n uie & mort de franc uouloir muniz,
T el que iamais ialoux, ou filz d'enuie
A diuorser ne les meut ne conuie.
  Hyer au soir estant au boys rauy,
S us un Ormeau deux tourterelles uey
S' entrebaiser, puis au nid se retraire,
E t a moy seul le Ciel est tant contraire.
  En ce regard, amy, ie ne scay point
S i i'eu pouoir d'aspirer en ce poinct,
M ais la douleur adonc me pressa tant,
Q u'a peine peu demourer en estant.
  Diray ie tout, ou si ie m'en tairay?
C ertes croy moy, ie ne t'en mentiray:
I e choisy lors un Plane pour m'y pendre,

L'ARCADIE

E t fuz tout prest d'une retorte prendre,
M ais ce cruel meurdre alors ie ne feiz,
P ource qu'aux yeux Amour me meit Iphis.

Eugenio.

L as a combien de friuoles ne uisent
S otz amoureux qui la uie desprisent
Q uand un desir de mort les prend & lye?
T ant a chascun plaist sa propre follie.
　Si tost qu'ilz sont a l'amour adonnez,
C ertes ilz sont si fort desordonnez,
Q u'auant leur poil aura couleur changé,
Q u'a la raison se soit leur sens rengé:
E t priseront une œuillade ou soubzrire
P lus qu'n troupeau pour grand qu'on puisse dire.
　Aussi par fois quand les uient occuper
Y re ou despit, ilz uoudroient bien coupper
L e fil tyssu des Parques par accordz
P our chasser l'ame & l'amour de leurs corps.
　Bien leur plairoit retourner en arriere:
M ais nul n'en tourne au bout de la carriere.
I amais par feu ne sont ars ou bruslez,
N y par froydure ou glace congelez:
E t toutesfois incessamment se plaignent
S ans mal auoir (bien est uray qu'ilz le faignent)
F uyr uoudroyent l'amour & son escolle,
M ais chascun d'eux estroictement l'accolle.

Ie ne

DE SANNAZAR.

I e ne ſçay pas ſi c'eſt ou uie ou mort
Q u'ilz uont nommant liberté: mais au fort
T ant plus ilz ſont en cela follians,
P lus ſe uont ilz a martyre lyans.

Clonico.

D euant mes yeux (bien que ne le demande)
S e uient offrir la douloureuſe amande,
E t penſe ueoir Phyllis la poure fille   *Phillis triſte d'amo[ur]*
M orte pendant,qui au uent ſe brandille.   *ſe pendit*
   Dont s'il ſe treuue encores ſus la terre
Q uelque pitié,ie la uoudroys requerre
M e conſentir que ie mette a deliure
M on ame eſtant faſchée de plus uiure:
C ar lon ne peut trouuer plus doulce uie,   *S'entēd alg'ōme hors*
Q ue de mourir quand il en prend enuie.   *du ſens*
   O terre donc,qui contenter me peux,
C ontente moy maintenant ſi tu ueux,
E ngloutiſſant en ton centre profond
C e triſte corps qui diminue & fond,
S i que iamais homme n'en puiſſe auoir
I ndice aucun,ny nouuelle ſcauoir.
   Fouldres auſſi qui faictes tout trembler,
D e toutes pars uenez uous aſſembler
D eſſus celuy lequel inuoqu' & crye
V oſtre ſecours,& de ſa mort uous prie.
P ource qu'il ſent un mal ſi tres amer

L'ARCADIE

Qu'il uoudroit bien apprendre a desaymer.
 Bestes uenez a moy qui uous desire,
Et puis chascune aux ongles me deſſire.
 Pasteurs auſſi lamentez pas a pas
Cil qui uous faict honte par son trespas:
Mais ne prenant garde a mon malefice,
Vsez en moy de pitoiable office.
Entre Cypres dreſſez ma sepulture,
Tesmoing a tous de ma triste aduenture,
Sans oublier d'ardre auec ma personne,
Les uers piteux que maugré moy ie sonne,
Et decorez de bouquetz & de fleurs
Le monument, en lermes & en pleurs:
Puis uous tournans par grand compaſſion
Faictes autour une proceſſion,
Disans, Par trop estre a l'amour soubzmis,
O poure Amant, tu es en cendre mys.
 Peut estre lors me monstrerez a celle
Qui ard mon cueur d'amoureuse estincelle,
Et perdrez temps a crier sus ma lame:
Car elle est sourde auſſi bien que ma dame.

   Eugenio.

En escoutant ta triste plaincte, amy,
Ie sens quaſi comme un Lyon parmy
Tous mes espritz, ou comme un Ours grongner,
Et m'est aduis que les ueoy renfrongner,

         Dont

Dont ſi les loix de ton Roy ie renuerſe,
P ren ma ſentence a ta raiſon diuerſe,
A inſi ioyeux uiuras ſi tu le faiz,
E t te uerras deſchargé de ce faix.
　Ayme Apollo, & Genius ſacré: ⎫ *lamoureux aime les letres et*
F uy ce meurdrier, lequel t'a maſſacre: ⎭ *ioieuſe chere*
C ar il faict mal a la ſimple ieuneſſe,
E t grand uergongne a la ſotte uieilleſſe.
　Lors noſtre Pan de toutes graces plein,
A uec Pales augmenteront a plein
T on troupelet, que tu yras comptant
S ouuentesfois en homme bien content.
　Adonc porter ne te deſdaigneras
L a forte beſche, a quoy tu gaigneras
V iure & ueſture, en plantant Nepitelle,
A ſperge, Anet, concombre, & autre telle.
　Paſſe a cela ton temps, & t'y diſpoſe:
C ar en amy certes ie te propoſe
Q u'on ne racquiert la liberté tant chere
P ar lamenter, & faire triſte chere,
M eſme que l'homme eſt autant malheureux
Q u'il ſe repute, ou autant ualeureux.
　De ton raſteau les mottes caſſeras,
O u hors des bledz l'yuraye poulſeras,
A inſi que moy, qui les iours de loyſir,
P our en pareſſe infame ne moyſir,

L'ARCADIE

M^e en uoys souuent tendre aux petiz oyseaux
Trappe ou filez entre herbes & roseaux,
Ou quelque piege au cauteleux Regnard
Qui est souuent attrapé par tel art.
 Ainsi se chasse amour aspre & felon, [*Occupation chasse amour*]
Et a l'enuie adonc ne pense lon.
 Ainsi au monde & ses deceptions
Ne met on pas grandes affections.
 Ainsi fault il qu'amoureuse esperance
Trop temeraire & folle en apparence
Virilement soit du penser bannye,
Que rudement elle traicte & manye.
 Au demourant uoy que tes cheures pleines
S'en uont fuyant atrauers de ces plaines
Droict a tes chiens, pour l'effroy que leur faict
Le loup qui tasche en surprendre (de faict)
 Aduise aussi comme les champs s'esmaillent
De mille fleurs, & pastoureaux qui saillent
Pres la fontaine au son du flageolet
En bondissant dessus le serpolet.
 Regarde aussi le mouton debonnaire
Du beau Phryxus, c'est un signe ordinaire
Qu'en peu de iours aurons neuue saison:
Car le soleil arriue en sa maison.
 Chasse pensers qui te rendent hectique,
Et font aller nuyt & iour fantastique

Croyant

Croyant qu'au monde il n'y a mal aucun,
Ou il n'y ait remede, fors a un.
Ie ne te dy ces motz a l'estourdye,
Ains ie les masche auant que te les dye.

Lon n'entendoit plus par les boys les Cigales chāter, mais les Grillons se faisoyent bien ouyr tout le long des campagnes, & s'estoiēt ia tous oyseaux pour fuyr les tenebres de la nuyt, retirez en leurs nidz accoustumez, excepté les Chauuessouriz, qui sortoient de leurs cauernes merueilleusement ayses de uoller en l'obscurité, quand en un mesme instant Eugenio meit fin a son chanter, & les troupeaux de noz bestes deuallans des montagnes, uindrent se renger en la place ou la cornemuse sonnoit. Parquoy a la lueur des estoilles tous ensemble partans du lieu ou lon auoit chanté, nous meismes au retour emmenans Clonico quant & nous. Ce soir logeasmes en une petite uallee assez prochaine, en laquelle quand le tēmps estoit beau (cōme lors qu'il estoit Esté) les uaches des bouuiers du pays y faisoient leur giste la pluspart des nuytz. Mais en temps de pluye, les eaux descendantes des montagnes circunuoysines s'y uiennēt toutes aßēbler. Ceste uallée naturellement ceincte de Chesnes, Erables, Lieges, Lentisques, Saules, & autres especes d'arbres

H

sauuages, estoit si bien fermée de toutes pars, que lon n'y pouoit entrer fors par un seul endroit: & l'umbrage causé de la confusion des brāches feuillues, estoit tant espes & si fort, que non seulement a celle heure qu'il faisoit nuyt, mais encores que le Soleil eust esté au plus hault du ciel, a grand peine eust on sceu ueoir sa lumiere. En ce lieu nous rengeasmes noz brebiz & noz cheures a coste des uaches, le mieux qu'il fut possible. Et pource que de fortune aucun de la cōpagnie n'auoit quant & soy porté son fusil, Ergasto plus ingenieux que les autres, eut soudainement recours a ce que la cōmodité luy presenta. il print deux bastons, l'un de Lyerre, et l'autre de Laurier, & tāt les frotta l'un cōtre l'autre, qu'il en feit saillir du feu, dont en plusieurs pars allumasmes des brādons. Cela faict, aucuns se meirent a traire les bestes, d'autres a racoustrer leurs musettes, ou recoller les bouteilles fendues, chascun s'appliquāt a ce q̄ luy sembloit bon de faire, iusques a ce que le soupper fust prest: lequel acheué en assez grand contentement d'un chascun, pource que desia bonne partie de la nuyt estoit passée, toute la bende s'en alla dormir. Mais le iour uenu, que les rayons du Soleil apparurent sus les sommitez des montaignes, n'estant encores la rosée dessechée sus les herbes, nous chassasmes nostre bestail hors ceste
uallée

uallée,& le menasmes aux champs paistre,tirans
par un sentier destourné au mont Menalo prochain
de nous,deliberez de uisiter le sainct tẽple du dieu
Pan,honoré en ce pays sus tous autres. Adõc Cloni-
co uouloit laisser la compagnie. Et quãd on luy de-
manda qui le mouuoit, il respõdit que son intention
estoit d'acheuer l'entreprise que la nuyt precedente
luy auions destourbée,qui estoit querir remede a sa
lãgueur par le moyen d'une matrone estimée mer-
ueilleusement bonne ouuriere de sortileges & en-
chantemens:car le cõmun buryt est (deit il) que la *A quelles follie*
deesse Diane luy mõstra en songe toutes les herbes *induict amour*
de Circe et Medée,par la uertu desquelles,quãd les
nuytz sont les plus obscures, elle s'en ua uollãt en
l'air couuerte de plumes cõme une cheueche, et par
son art souuentesfois obfusque le ciel de nuées um-
brageuses,puis a sa uolũte le reduict en sa precedẽ-
te clairte.aucunesfois elle faict arrester le cours des
fleuues,& remõter les eaux cõtre leurs sources et
fontaines.Dauantage elle est sur toutes autres mai-
stresse d'attirer du ciel les estoilles obfusquées di-
stillantes gouttes de sang, & d'imposer loy par ses
paroles au cours de la lune enchãtée:mesmes de cõ
uoquer en plein midy la tenebreuse nuyt sus la face
de la terre,faisant sortir les dieux nocturnes hors
l'infernale confusion.quelques autres fois quãd par

H ij

son long et secret murmure, la dure terre s'est entreouuerte, elle euocque hors des desertes sepultures les ames des antiques predecesseurs, et scait faire plusieurs autres choses merueilleuses & incredibles a racõpter, & ce par une mixtion composée de la sanie fluãte des iumés en amour, meslée auec sang de vipere, ceruelle d'ours enragé, poil de l'extremité de la queue du loup, et plusieurs autres ius de racines & herbes pleines de puissance admirable. Adonc Opico luy ua dire, Certainement ie croy mon filz que les dieux lesquelz tu sers & adores deuotement, te ont ce iourd'huy faict uenir entre nous pour estre pourueu de remede a tes passions amoureuses, de sorte que i'ay bonne esperance si tu ueulx prester foy a mõ dire, que tu en seras ioyeux tout le temps de ta uie. Mais a qui te pourrois tu mieux adresser pour auoir secours en ce besoing, q̃ au bõ hõme Enareto pasteur docte pardessus tous? lequel apres auoir abandonné ses troupeaux, s'est maintenant dedié aux sacrifices de Pan nostre dieu souuerain. La pluspart du secret des choses diuines & humaines est manifeste a ce pasteur, car il congnoist ciel, terre, mer, le Soleil, les cours de la Lune, les estoilles dõt le zodiaque est paré, ascauoir Pliades, Hyades, Orion, les Ourses maieur & mineur, & une infinité d'autres, qui seroient trop lõgues a racompter racōpter: dont par cōsequent il scait les saisons propices a labourer, semer, moyssonner, planter uignes & oliuiers, puis en receuillir les fruictz au tēps de leur maturité: dauantage quand il faict bon esbrancher arbres, puis les reuestir de branches adoptiues. Aussi comme il faut gouuerner les mouches a miel: & si elles estoient mortes, la maniere de les resusciter par sang putrifié de ueaux suffoquez, & qui est chose merueilleuse a dire, mais beaucoup plus difficile a croyre, aduint une nuyt ainsi qu'il se dormoit entre ses uaches, que deux dragons luy lecherent les oreilles, dont il s'esueilla en sursaut, & se trouua terriblement effroyé: mais enuiron l'aube du iour il eut intelligēce perfaicte du iargō de tous oyseaux, tellemēt qu'il entēdit un Rossignol sus un Cormier chantant, ou pour mieux dire, se lamentāt de son amour, q̄ inuoquoit les prochaines forestz a son secours: mais un passereau luy respōdoit qu'en Leucadie se treuue une haute roche, de laquelle qui se laisseroit tumber en la mer, incōtinent seroit hors de tourment. puis une Alouette l'asseuroit qu'en une certaine contrée de Grece (dont bonnement ne suis recors du nom) est la fontaine de Cupido, de telle nature, que qui en boyt, perd tout soudain sa douleur amoureuse. A ceste Alouette le poure Rossignol gemissant tendrement replicquoit les eaues

H iij

estre de nulle efficace en son endroit. Et sus ces entrefaictes arriuerent un Merle, un Bruyant, & une Linotte, qui reprindrent ledict Rossignol de sa follie, d'autant qu'il ne uouloit croyre les celestes uertuz estre infuses aux eaux sacrées. puis se meyrēt a luy narrer les proprietez de tous les fleuues, fontaines & uiuiers de ce mōde, desquelz iceluy Enareto me sceut amplement repeter les noms, natures, & pays ou ilz sourdēt, & par ou ilz passent, sans en oublier un tout seul: tant il les auoit bien fichez en sa memoire. Encores me feit il mention d'aucuns oyseaux, du sang desquelz brouillé ensemble se concrée un merueilleux serpent, de telle proprieté, que si quelq'un prenoit la hardiesse d'en menger, il n'y auroit si estrange parler d'oyseaux, qu'il n'entendist incontinent. Aussi me parla il de ie ne scay quel animal, et me deit que qui beuroit un peu de son sang, puis auant le poinct du iour se trouuast sus une mōtaigne portāt plusieurs sortes d'herbes, il les entendroit ouuertement deuiser ensemble, & manifester leurs natures, mesmes au poinct qu'elles estans chargées de rosée s'ouurent aux premiers rayons du Soleil leuāt pour rendre graces au createur des uertuz qu'il leur a infuses, qui sont sans point de doubte si merueilleuses, et en si grād nombre, que biē heureux seroiēt les pasteurs qui en auroyent la royent la congnoissance. Dauantage (si la memoire ne me decoyt) il me deit qu'en un pays fort estrãge & loing d'icy, ou les gés naissẽt aussi noirs qu'Oliues meures, & ou le Soleil court si bas que s'il n'estoit chault, lon le pourroit toucher du bout du doy, se treuue une herbe de telle efficace, que qui la getteroit en un lac ou riuiere, soudainement l'eau seroit toute tarie, & toutes serrures que lon en toucheroit, seroient incontinent ouuertes. Puis en continuant propos, me parla d'une autre tant exquise, que qui la porteroit sus soy, en quelque partie du monde qu'il allast, iamais n'auroit necessité, & ne sentiroit faim n'y soif, ains auroit abondance de toutes choses conuenables à la uie. Mais entre autres ne me cela, & aussi ne feray ie a uous, la merueilleuse uertu du Chardon a cent testes, assez congneu en noz riuages : la racine duquel representente aucunesfois similitude du sexe masculin, ou feminin : combien qu'il s'en treuue peu souuent : mais si de bonne encontre aucun trouuoit celle de son sexe, sans point de doubte ce seroit pour auoir grãd heur en amours. En apres il poursuyuit les proprietez de la Verueyne, tresagreable sacrifice des antiques autelz, affermant que toute personne s'estant frottée de son ius, impetre de chascun tout ce qu'il demande, pourueu qu'el-

H iiij

le ait esté cueuillye en temps & heure. Mais pourquoy me uoys ie trauaillant a uous racompter toutes ces choses, quand nous sommes tout pres du lieu de sa residence, & nous sera loysible de l'entendre amplement de luy? He pere (deit adonc Clonico) moy & tous ceux cy aymons mieux les ouyr de uous tout en cheminãt, pour alleger le trauail du chemin, afin que quãd il nous sera licite de ueoir ce sainct pasteur, l'ayons en plus grande reuerence, & puis en noz forestz luy facions les honneurs conuenables ainsi quasi comme a un dieu terrestre. Alors le bon homme Opico retournant au propos delaissé, se print a dire qu'il auoit apris de ce mesme Enareto quelques enchantemens pour resister aux tempestes de la mer, tonnoires, neiges, pluyes, gresles, et impetuositez des uentz s'entrecombatans. En outre tesmoingna luy auoir ueu le quinziesme iour de la Lune engloutir le cueur d'une Taulpe encores chault & remouuãt, puis mettre sus sa lãgue l'oeuil d'une Tortue d'Inde: au moyẽ desquelles choses il predisoit beaucoup de futurs accidens. Apres il deit aussi qu'il luy auoit ueu une pierre d'espece de Crystal tirée du gezier d'ũ Coq blãc, ayant telle uertu, que quiconques la porteroit sus soy aux luttes, infalliblement en gaigneroit le pris, & uaincroit tous ses aduersaires. Puis asseura luy en luy en auoir ueu une autre en semblance de langue humaine, toutesfois un petit plus grande, laquelle ne uient de la terre comme les autres, ains tumbe du Ciel au deffault de la Lune : & maintenoit que celle pierre n'est de petite utilité aux ambassadeurs d'amourettes. Semblablement disoit luy en auoir ueu une pour resister au froid, une au chault, & une côtre les nuysans regardz des yeux empoysonnez d'enuie. Et n'oublia (certes) celle qui estât enueloppée auec une certaine herbe & aucunes paroles de Magicque, rend inuisible celuy qui la porte, tellement qu'il peult, quand bon luy semble, aller en toutes places, & faire entierement sa uolunté sans crainte d'estre empesché d'homme qui uiue. Cela dict, parla d'une dent arrachée du costé droit d'une certaine beste Hyena nommée (si bien m'en souuient) disant qu'elle estoit de telle efficace que si un chasseur l'auoit lyée a son bras droit, iamais ne fauldroit a frapper la beste a laquelle il tireroit. & sans se departir de ceste Hyena, ua dire que qui en porteroit la lãgue soubz son pied, iamais ne seroit par les chiens abbaié. Pareillement qui en porteroit les poilz du museau enueloppez en la peau de ses genitoires, et attachez au bras gauche, si tost qu'il regarderoit quelq̃ féme lasciuemẽt, soudain la feroit (uoulsist elle ou non) uenir apres luy par tout ou bon luy sembleroit. Puis laissant le propos de cest animal, me deit auoir êtēdu diceluy mesme Enareto, que qui mettroit le cueur d'un Hiboux sus la mamelle d'une femme dormante, il la feroit en songeant parler & reueler tout son secret. Ainsi saultāt d'une chose en autre, arriuasmes au pied de la haulte montaigne, auant que nous feussions apperceuz auoir laissé la plaine: et lors nous trouuās au lieu desiré, cessant Opico son propos, comme la fortune uoulut, auisasmes le sainct uieillart qui se reposoit au pied d'un arbre: et aussi tost qu'il nous ueit, se leua de sa place pour nous uenir a l'encōtre, & donner la bienuenue. C'estoit certainement un homme de maiesté, et digne de grande reuerence, a ueoir son front ridé, sa barbe et ses cheueux longz a merueilles, et plus finement blancz, que la laine des brebiz de Tarente. De l'une de ses mains il tenoit un baston autant beau que i'en eusse iamais ueu a pasteur: car du bout d'en hault retortillé, sortoit un loup emportāt un mouton, faict de si grand artifice, qu'on luy eust bien haslé les chiens. Quand ce uieillart eut honorablement receuilly nostre Opico, & puis nous tous l'un apres l'autre, il inuita la cōpagnie de reposer auec luy en l'ūbre: et apres qu'il eut ouuert sa pannetiere faicte de la peau d'un cheureul, mouchetée de blāc, il en tira auec autres cho-

ses

ses une bouteille de Tamarin, singulierement belle, & bien tournée, uoulant qu'en reuerēce du cōmun Dieu nous beußiōs tous auecques luy. puis la collation paßée, qui ne dura gueres lōguemēt, il se tourna deuers Opico, & luy demanda que nous en telle bende allions querant. Adonc Opico prenant par la main Clonico l'amoureux, ua respōdre, Sās point de doubte Enareto ta uertu singuliere sus tous autres, & l'extreme neceßité de ce poure pasteur, nous ont faict uenir en ceste forest. Cestuy cy, afin que tu l'entendes, aymant oultre mesure, & ne sachant dominer a ses affections, se ua cōsumant comme la cire deuant le feu: a raison de quoy ne sommes icy uenuz pour ouyr les oracles du Dieu Pan qui les rend par nuyt en ces montaignes, plus ueritables qu'en autre temple dōt il soit memoire: mais querons ton ayde & secours, afin que tu le retires de la tyrannie d'amour, & le rendes franc & libere a nous, & aux forestz qui merueilleusement le desirent. ce faisant, confesserons que tu nous auras rendu toutes noz ioyes perdues. Et afin que tu saches quel homme c'est, ie t'aduise qu'il paist en ces montaignes pour le moins mille bestes a laine, & iamais yuer ny Esté ne se treuue despourueu de laict fraiz. De son art de chāter ie ne t'en diray autre chose, mais quand tu l'auras getté de la prison

L'ARCADIE

d'amour, tu le pourras ouyr a ton bel ayse, & suis certain qu'il te plaira. Disant Opico ces paroles, le uieil prestre cõtemploit ce pasteur barbu : & meu de pitié de le ueoir ainsi palle & extenué, s'appareilloit de respõdre a ce subgect: mais en ces entrefaictes, des prochaines forestz uint iusques a noz oreilles un sõ melodieux meslé d'une uoix delicate: parquoy tournans la ueue celle part, apperceusmes sus le bord d'un ruisseau un cheurier nommé Elenco, lequel assis au pied d'un saule, taschoit a resiouyr ses bestes en sonnant de sa cheurette: ce qui nous feit incontinent tirer uers luy: mais si tost qu'il nous ueit approcher, comme s'il en eust eu despit, cacha uistement sa cheurette, & se tint coy: dont nostre Ophelia fasché en son courage pour l'estrãgeté de l'acte, luy qui estoit merueilleusemét prõpt en gaudisseries & brocars, a noz requestes fut content l'irriter par iniures, pour le prouocquer a chanter: parquoy en se mocquãt de luy, par ces uers picquans acompaignez d'un rire uilipendant, le contraignit a luy respondre.

OPHELIA.

D y moy nouueau cheurier, & ne te fasche point,
C e troupeau que tu as si maigre et mal empoint,
Quel sot te la baillé pour mener aux chãps paistre?

Elen-

Elenco.

Mais toy vieillart bouuier, dy moy qui te feit eſtre
Si hardy de briſer a Clonico ſon arc,
Semant inimitié des paſtoureaux au parc?

Ophelia.

Ce fut (peult eſtre) lors que Sauuage en ſoucy
Pourchaſſoit ſa muſette,& ſon tabour auſſi,
Que tu auois emblez, hôme meſchant & laſche.

Elenco.

Mais contre Vranio ne te ſeruit la Bache:
Car mauuais coup de bec treſbien naurer te ſceut:
Quãd le cheureau robas, aux gueſtres t'apperceut.

Ophelia.

Moy? ie l'auois gaigné a mieux chãter, mais en ce
D'Ergaſto ne vouloit approuuer la ſentence,
Lequel m'en couronna & de Myrte et de Lyerre.

Elenco.

Qui? toy? N'ouy ie pas un iour ſus une pierre
Contre Gallicio ta harpe faire office
D'un aignelet bellant, qu'on traine au ſacrifice?

Ophelia.

Or chantons a l'eſpreuue, & laiſſons ce langage,
Metz ta cheurette en ieu, ie ne veuil autre gage:
Montan la queſtion uuidera tout d'un traict.

Elenco.

Metz celle uache toy, qui ſouuẽt mugle et brait,

L'ARCADIE

Ie te mettray ce cuir, et deux petitz cerfz masles
Nourriz d'ozeille et Thin, qui sõt gras cõe rasles.
Ophelia.
Metz ta cheurette donc, ie mettray ces uaisseaux
Ou tes cheures trairas plus alaise qu'en seaux:
Car ces uaches ie paiz pour ma marastre austere.
Elenco.
Si ne scaurois tu tant d'excuses me faire,
Que ie ne te descouure. Eugene uient apoint:
Garder ne te pourras que de moy ne sois poinct.
Ophelia.
I'ayme mieulx Montano, qui est plus ancien.
Ce tien iuge n'est pas trop bon practicien,
Et ne croy que son sens puisse attaindre si hault.
Elenco.
Vien a l'umbre Montan, car le uent en ce chault
Parmy les feuilles bruyt, & le fleuue murmure.
Note qui de nous deux la ueine aura plus meure.
Ophelia.
Vien Montan ce pendant que noz bestes ruminẽt,
Et qu'alaigres chasseurs uers les bois s'acheminẽt
Enseignant a leurs chiens les gistes et les trasses.
Montano.
Chantez a celle fin qu'entendent ces terrasses,
Comment le perdu siecle, en uous se renouuelle,
Chantez iusques au soir, mais en mode nouuelle.
Ophelia.

Ophelia.

Montano, cestuy cy qui contre moy s'espreuue,
Garde les cheures d'un que fantastiqu'on treuue.
Miserable est la trouppe en telle garde estant.

Elenco.

Corbeau pernicieux, Ours aspre & molestant,
Mors ta langue qui est toute enflée de rage,
Et transporter se laisse au furieux courage.

Ophelia.

Malheureux est ce bois, que tes criz assourdissent,
Phebus & Delia s'en uont & se gaudissent,
Gette ta Lyre au loing: car en uain tu l'accordes.

Montano.

Quoy? uous ne chantez pas, ce sont icy discordes.
Or cessez de par Dieu, cessez uostre follie:
Sus commence Elenco, & respons Ophelie.

Elenco.

La diuine Pales prend a mon chant plaisir,
Et pare mes cheueux de rameaux a loisir:
Nul ne se peult uenter de faueurs tant apertes.

Ophelia.

Le Dieu Pan demy bouc, lieue les cornes, certes
Pour ma musette ouyr, dont court et saulte au son,
Puis s'en fuyt, mais il tourne en ioyeuse facon.

Elenco.

Quãd par fois au printẽps mes cheures seul ie tire,

L'ARCADIE

M a cheuriere s'en rid, & se prend a me dire
Q uelque petit brocard, qu'apres elle adoulcit.

Ophelia.

T yrrhene en bonne foy de ses souspirs m'occit,
Q uand semble que des yeux die plus qu'a demy,
Q ui me sepere (helas) de mon loyal amy?

Elenco.

I l n'y a pas long temps que i'apperceu nicher
S us un antique chesne un coulomb, que i'ay cher:
C ar ie l'ay reserué pour ma dure ennemie.

Ophelia.

E t moy i'engresse au bois pour ma traictable amie
V n ieune bouuillon, de ses cornes tant braue,
Q u'entre les grans toreaux se marche, & faict

Elenco. (du braue.

N ymphes de ces forestz, tresamiables seurs,
V oz autelz pareray de roses & de fleurs,
S i par uous mon amour est en bien fortunée.

Ophelia.

P riape, au commencer de la nouuelle année
O ffrandes te feray de laict chault & recent,
S i tu metz une fin au mal que mon cueur sent.

Elenco.

I e scay que celle la sans qui ie ne puis uiure,
L aquelle par ces bois amour me faict poursuiure,
A pitié de mon mal, combien qu'elle me fuyt.

Ophe-

Ophelia.

La mienne en bonne foy m'incite iour & nuyt
De chanter a son huys, et respond a mes roolles
Angelicques propoz, & diuines paroles.

Elenco.

Ma mignonne m'appelle, & soudain se retire,
Puis quelque pomme apres d'industrie me tire,
Voulant qu'entre feuillars uoye sa cotte blanche.

Ophelia.

Et la mienne m'attend de sa uolunté franche
A la riue du fleuue, ou me faict tant de festes,
Que i'en metz en oubly ma personne et mes bestes.

Elenco.

Si mon soleil n'estoit en ces forestz luysant,
Les feuilles des rameaux s'en yroient destruysant,
Et les undes seroient des fontaines taries.

Ophelia.

D'herbe sont desnuez ces montz, & ces praries,
Mais si mon beau soleil y luyt, on les uerra
De fleurs se reuestir par pluye qui cherra.

Elenco.

Saincte uierge Diane, & toy Phebus le blond,
Par les trousses pendans de uoz flans tout au long
Faictes moy surmonter cest estrange Cacus.

Ophelia.

O celeste Minerue, et toy plaisant Bacchus

L'ARCADIE.

P ar la uigne sacrée, & le digne oliuier,
Q ue i'emporte en mon sac le pris de ce cheurier.
Elenco.
S' il couroit un torrent de laict emmy ces uaux,
T ant qu'en l'ũbre feroys des paniers, mes trauaux
M e seroient aussi doulx quasi comme un tresor.
Ophelia.
S i tes cornes estoient (blanc Toreau) de fin or,
E t chascun de tes poilz de precieuse soye,
C ombien plus qu'a present, me ferois tu de ioye?
Elenco.
O quantesfois s'en uient iolie & mignonnette
L a bergiere que m'a destiné ma planette,
A uec moy deuiser parmy tous mes troupeaux?
Ophelia.
L as quelz souspirs me gette aguz cõe couteaux
L a Nymphe que i'adore? O uentz delicieux
P ortez en trois ou quatre aux oreilles des dieux.
Elenco.
E glogue, a te former i'employe tout mon art,
L a main, l'entendement, et le stile sans fard,
S achant que tu seras en mille liures leue.
Ophelia.
B ucolique, or te prise ainsi que chose eleue:
C ar mille ans expirez ton renom florira
E n loz perpetuel, & maint en soubzrira.

Elenco

Elenco.

Q uiconque de l'ardeur d'amour sera touché,
Q uãd sus arbres percreuz uerra ton nom couché,
O femme, dira il, que dieu te feit de grace?

Ophelia.

T oy qui renouueller uerras de race en race
T on nom apres ta mort, & de ces boys uoller
A ux cieulx, tu te peulx bien tresheureuse appeller.

Elenco.

F aunus se ryd de toy sus ce hault mont icy:
P aix, Vachier: car si i'ay iugement en cecy,
L a cheure ne peult faire au Lyon resistence.

Ophelia.

C ours Cigale en ce lac fangeux a mon instance,
E t prouocque a chanter les Raines une a une:
P eult estre, mieulx qu'icy sera la ta fortune.

Elenco.

Q uelle beste est si pres d'humain entendement, ⎤ se lephant
Q u'elle adore la Lune assez deuotement,   ⎟
P uis se uoulant purger entre en quelque fontaine? ⎦

Ophelia.

M ais qui est cest oyseau de nature haultaine,
Q ui uict sans per, & puis de uiure estant lasse,   le phemix
S e brule en bois exquis par luy propre amasse?

Montano.

M alfaict qui par orgueil contre le ciel estriue,

i ij

Finer fault ce proces, afin que lon l'escriue:
Car oultre ne s'estend le pastoral scauoir.
Or paix couple gentile, a qui ie faiz scauoir
Que bois sacrez se sont de voz chantz esiouyz.
Mais i'ay grand peur que Pan les aura bien ouyz.
Voy le cy, ie le sens aux brāches qu'il faict bruire,
Tourner en l'ūbre, plein d'orgeuil, et prest a nuyre,
Et de son nez crochu soufflant mortel uenin.
L'eloquent Apollo, qui uous est si begnin
A it la uictoire seul. Pren tes uases bouuier,
Et toy pareillement ta cheurette cheurier,
Que le ciel nous accroisse en bontez et ualeur
Comme entre les sillons l'herbe par sa chaleur.

Les forestz qui auoient doulcement resonné pendant le chanter des deux pasteurs, s'estoient desia rapaisées, acquiescentes a la sentence de Montano, lequel auoit rendu les gages, & donné au Dieu Apollo l'honneur & la couronne de uictoire, comme a celuy qui est stimulateur des bons & nobles entendemens. A raison de quoy nous laissans ce riuage herbu, tous ioyeux commenceasmes a remonter la coste de la montaigne, riant a chasque pas, et deuisant du debat passé: & n'eusmes pas faict de chemin plus de deux traictz de fonde, que petit a petit ne commenceißiōs a descouurir de loing le boys
uenerable

uenerable & sacré, au quel homme uiuant n'osoit entrer auec coignée ou autre ferremēt, dōt en grāde religion, et pour la crainte des dieux uindicatifz il s'estoit entre les paysans ia plusieurs ānées cōserué en son entier, et dict on (mais ie ne scay s'il est a croire) que au temps iadiz quand le monde n'estoit si plein de mauuaistiez comme il est, tous les Pins y parloient en notes entendibles, respōdant aux chansons des pasteurs. Nous estans dōcquez arriuez la soubz la conduicte du sainct prestre, par son ordonnance lauasmes noz mains en une petite fontaine d'eau uiue, qui sourdoit a l'orée du bois, n'estant de la religion permis entrer auec crimes et pechez en lieu tant sainct. Lors aiant auant toute œuure adoré le grand dieu Pan, et puis les autres incōgneuz (s'il y en auoit quelques uns qui pour ne se monstrer a noz yeux, se mussassent parmy les feuilles) nous tirasmes auant sus le pied droit en signe d'augure prospere, chascun priant taisiblement en son cueur les deitez que tousiours nous feussent propices tāt au present affaire, que en toutes les occurrentes necessitez futures. Puis étrez en ceste saincte Pinniere, trouuasmes soubz le pendānt d'une montaigne, entre des roches ruinées, une grande & uieille cauerne (ne scay si naturele ou artificiele) mais elle estoit cauée en la montaigne, en laquelle de la mes-

I iij

me roche, & par les mains des rustiques pastoureaux fut formé un autel sus lequel estoit posée la grande effigie du Dieu sauuage, taillée en bois, appuyée sus un long baston d'oliuier tout entier. En sa teste deux cornes droictes eleuées deuers le ciel. La face rouge comme une fraize meure. Les iambes et les piedz ueluz, & non point d'autre forme que ceulx des cheures. Son manteau faict d'une grande peau mouchetée de taches blanches. De l'un & de l'autre costé de cest autel pédoient deux larges tables de hestre, escriptes en lettres pastorales, lesquelles aiant esté conseruées successiuement de temps en autre par les bergers precedens, contenoient les loix antiques, & les enseignemens de la uie pastorale: & de la sont uenues toutes les doctrines qui maintenant sont en usage par les forestz. En l'une estoient notez tous les iours de l'année, les uariables changemens des saisons, les inequalitez des iours & nuytz, ensemble l'obseruation des heures (non peu necessaire aux uiuans) les infaillibles prognostications des tempestes: Quand le Soleil a son leuer denonce beau temps, pluye, uent, ou gresle: Quelz iours de la Lune sont heureux, & quelz infortunez aux negoces des hommes: Mesmes ce que tout homme en chascune heure doit suyure ou euiter pour n'offenser les uoluntez diuines. En l'au-

tre

tre table se lisoit quelle deuoit estre la belle forme du toreau & de la uache, les aages ydoines a engendrer & ueeller, puis les saisons & temps commodes a chastrer les ueaux pour s'en pouoir seruir soubz le ioug aux ouurages de agriculture. Semblablement comme la ferocité des Moutõs se peult mitiguer en leur perceant la corne ioignant l'oreille: et comme en leur liant le genitoire droict, ilz engendrent des femelles: et en leur serrãt le gauche, sont des masles. Comment les aigneaux sont produictz tous blãcz, ou uariez d'autres couleurs. Quel remede est bon pour garder que les brebiz n'aduortent par l'espouëtemẽt du tonnoirre. Cõment fault gouuerner les cheures, quelles, de quel aage & forme elles doiuẽt estre, mesmes en quel quartier de pays elles sont plus fertiles. Aussi comment on peult congnoistre leur aage par les neux de leurs cornes. Dauantage y estoiẽt escriptes toutes les medecines concernantes les maladies de pasteurs, de leurs chiens, & de leurs troupeaux. Deuant ceste cauerne estoit un Pin merueilleusement hault & spacieux, qui rendoit grãd umbrage. A l'une de ses branches pendoit une musette a sept uoix, egalement conioincte de cire blanche par dessus & par dessoubz, & n'en fut (peult estre) iamais ueu la semblable a pasteur en aucune forest. Lors nous enquerans qui en

auoit esté l'autheur(pource que la iugions faicte et encirée de mains diuines)le prestre sage respondit, Ceste canne,mes amys, est celle que le grand Dieu que maintenant uous uoyez,se trouua en ses mains quand ayguillonné d'amour,il suyuoit par ces forestz la belle Syringa: par la soudaine transmutation de laquelle se uoyant frustré de son desir, il souspira souuentesfoys en memoire de ses antiques ardeurs, & les souspirs se conuertirent en doulce armonie. Adonç ainsi solitaire assis en ceste cauerne aupres de ses cheures paißätes,il se print a ioindre de cire neufue sept chalumeaux, l'ordre des quelz uenoit succeßiuement diminuant comme les doitz de noz mains. Auec ceste musette il lamenta longuement ses infortunes parmy ces montaignes: puis elle ueint (ne scay comment) es mains d'un pasteur de Sicile, lequel auant tout autre eut bien hardieße de la sonner sus les claires undes de la belle Arethusa,sans craindre Pan,ny autre Dieu: & dict on que tant qu'il chantoit, les Pins d'enuiron luy respondoient, mouuant leurs sommitez: & les chesnes champestres, oublians leur nature sauuage,abandonnoient leurs montaignes natureles pour l'entendre, & faisoient doux umbrage aux brebiettes escoutantes.Adonc n'y auoit Nymphe ny Faune en ces forestz qui ne meist peyne
a treßer

a tresser chappelletz pour decorer sa perrucque
de fleurs nouuelles. Mais ce pasteur estant surpris
de la mort enuieuse, donna ceste musette a Tityre
Mantuan : & comme l'esprit luy deffailloit, en la
baillant se print a dire: Tu en seras desormais le se-
cond possesseur, & en pourras a ta uolunte recon-
cilier les Toreaux discordans, car tu luy feras get-
ter un son merueilleusement agreable aux dieux
champestres. Ainsi Tityre bien ioyeux d'un si grād
honneur, s'esbatant de ceste musette feit premiere-
ment resonner aux forestz le nom de la belle Ama-
ryllis: puis l'ardeur de Corydon pour Alexis: la con-
tention de Dametas & Menalcas : & consequem-
ment la chāson de Damon & Alphesibeus. Pendāt
lesquelles choses souuēteffois faisoit aux uaches ou-
blier leur pasturage pour la merueille qu'elles en
auoyēt, & cōtraignoit les bestes sauuages de s'ar-
rester entre les pasteurs: pareillement les fleuues a
retarder leur cours acoustumé, sans auoir soing de
rēdre a lamer son tribut ordinaire. Encores en son-
na ce Tityre la mort de Daphnis, la chanson de si-
lenus, l'ardant amour de Gallus, & autres choses,
dont ie pense que les forestz ont & auront souue-
nance tant qu'il y aura pastoureaux en ce monde.
Mais il ayant de sa nature l'entendement disposé a
choses plus hautes, ne se pouant satisfaire de tant

simple armonye, chāgea ce tuyau que uous uoyez plus gros et plus neuf que les autres, afin de mieux châter les affaires d'importāce, et rēdre les forestz dignes des Cōsules de Rome. puis quand il eut abādoné les cheures, il se meit a faire des enseignemēs d'agriculture, en espoir de sonner par apres auec trompette plus resonante les armes du magnanime Aeneas. Et cela faict, la pendit a cest arbre en reuerence de ce dieu qui luy auoit presté faueur en son chanter. Apres ce Tityre iamais ne ueint pasteur en ces boys qui la peust sonner au deuoir, nonobstant que plusieurs stimulez de uoluntaire hardiesse, s'y soyent maintesfois esprouuez, & ordinairement espreuuent. Mais pour ne consumer toute la iournée en ces deuises, & afin de retourner a la cause pour laquelle uous estes cy assemblez, ie declare que ma puissance & mon scauoir ne sont moins appareillez de subuenir aux occurrēces d'un chascun de la compagnie, que ilz sont presentement a cestuy seul. Toutesfois a raison que pour le decours de la Lune le temps n'est propre ny commode, uous m'entendrez pour cest heure seulement parler du lieu ou nous fauldra trouuer, & des moyés que deurōs tenir. Toy doncques pasteur amoureux, a qui singulierement ce faict touche, preste maintenant tes promptes & ententiues oreilles a mes paroles.

Entre

Entre des montaignes desertes qui ne sont gueres loing d'icy, se treuue une creuse uallée ceincte tout a l'entour de sauuages forestz, resonantes d'une si terrible sorte, que uous n'ouystes oncques telle chose: & tant est belle, estrãge & admirable, que de primeface met frayeur aux courages de ceux qui y suruiennent, lesquelz au bout d'un temps rasseurez & remiz en uigueur, ne se peuuẽt saouler de la contempler de toutes pars. Lon y entre par un seul passage merueilleusement estroict & difficile: mais tãt plus bas lon descẽd, plus se treuue la uoye large, & la clairté diminuée, a cause que depuis le hault iusques au plus profond, elle est quasi toute obscure, pour les umbrages procedans des sauuageaux & espines qui y sont. Puis quand lon est a la plaine terre, une fosse grande & noire se presente deuant les piedz, entrant en laquelle soudainement sont entenduz horribles rabastementz faictz par espritz inuisibles, comme si mille milliers de Naccaires y sonnoiẽt. En ceste obscurité sourt un fleuue impetueux & terrible a merueilles, lequel parmy ce grand uorage s'efforceant saillir en lumiere, n'a la puissance de ce faire, ains s'abysme tout incontinent, si qu'il ne luy est loysible se monstrer que bien peu au mõde: & se ua precipiter en la mer par une uoye occulte & incõgneue, parquoy lon ne sçait de luy autre nouuelle sus la terre. C'est pour certain un lieu sacré, & digne d'estre tousiours habité des dieux, côme sans point de doute si est il: et n'y scauroit on trouuer chose qui ne soit uenerable & saincte: tant il se presente reuerend & de grande maiesté aux yeux des regardans. La te ueux ie mener si tost que la Lune sera pleine, pour auāt toute œuure te purifier (aumoins si tu as la hardiesse d'y uenir) & apres que par neuf foys t'auray plongé dedās ce fleuue, ie feray d'herbes et de terre un autel neuf, que ie pareray de troys ornemens de diuerses couleurs, puis dessus brusleray de la Veruene, de l'écēs masle, et autres herbes nō arrachées de leurs racines, mais fauchées a la lueur de la lune nouuelle. Apres enroseray ce lieu d'une eau triple tirée de trois fontaines, & te feray desceinct & dechaux d'un pied, faire par sept fois la procession autour de cest autel: deuant lequel de ma main gauche tiendray par les cornes une breby noire, & de ma droicte un couteau bien affilé: puis a haute uoix inuocqueray trois cens noms de dieux incōgueuz, & auecques eux la uenerable nuyt accompagnée de ses tenebres, les estoilles taciturnes consentantes des practiques secrettes, la Lune puissante au ciel & aux abysmes, la claire face du Soleil enuironnée de rayons ardās, laquelle sans cesse tournoyant a l'entour

tour du monde,ueoit & cõgnoiſt ſans quelque empeſchemẽt tous les negoces des mortelz.Cela faict appelleray tous les dieux qui habitent au ciel, en la terre,& en la mer:le grãd Ocean pere & progeniteur uniuerſel de toutes choſes,les chaſtes Nymphes engendrées de ſa ſemence, aſcauoir les cent qui ont la garde des foreſtz, & les autres cent qui preſidẽt aux fleuues,fontaines & ruiſſeaux. Daduantage inuocqueray les Faunes,Lares,Syluans & Satyres,auec toute la bẽde feuillue des demydieux, l'air ſouuerain, la dure face de la terre, les lacz dormans,fleuues courãs, & les bouillonnãtes fontaines.Puis n'omettray les regnes obſcurs des dieux ſouterrains, mais inuoquant la triple Hecate, ſubioindray le profond Chaos,le grãd Erebus, & les infernales Eumenides habitãtes des eaux ſtygiales. Et s'il eſt aucunes autres deitez la bas qui par digne punition chaſtiẽt les deteſtables crimes des humains, ie les ſupplieray qu'elles ſoyent toutes preſentes a mon ſacrifice. Et en ce diſant prendray un uaiſſeau de uin excellent, lequel ie uerſeray ſus le front de la breby condamnée.Puis quand luy auray d'entre les cornes arraché une poignée de laine noire,ie la getteray dedans le feu pour les premieres arres du ſacrifice, & luy coupant la gorge du couteau a ce dedié, ie receuray en une taſſe le ſãg tout chault, duquel gouſteray ſeulemẽt de l'extremité des leures: & cela faict, le meſleray auec de l'huille & du laict, que ie repẽdray en la foſſe faicte deuant l'autel, afin d'en eſiouyr noſtre mere la terre. Lors t'ayant preparé de ceſte ſorte, te feray tout plat eſtendre ſus la peau de la breby, & oindray tes yeux & ton uiſage de ſang de Chauueſouriz, a ce que les tenebres de la nuyt ne t'obfuſquent, mais comme en plein iour te manifeſtent toutes choſes. Et afin que les diuerſes & eſtranges figures des dieux cõuocquez ne t'eſpouentent, ie te garniray d'une lãgue d'un œuil & de la deſpouille d'un ſerpẽt de Libye: enſemble de la part droicte du cueur d'un Lyon, ſeché ſeulemẽt a l'umbre de la pleine Lune. Apres cõmanderay aux poiſſons, ſerpens, beſtes ſauuages, & oyſeaux (deſquelz i'entẽs quand il me plaiſt, les proprietez des choſes, & les ſecretz des dieux) que preſentement & ſans faire aucune demeure ilz uiennent a moy: puis en retiendray ceux qui me feront meſtier, & renuoiray les autres en leurs repaires. Apres ouurãt ma pãnetiere, i'en tireray certaines drogues de grãde efficace & ualeur, par leſquelles (quand bon me ſemble) ie me transforme en loup, & laiſſant mes habillemés pẽduz a quelque Cheſne, me uois fourrer auec les autres parmy les deſertes foreſtz, nõ pour piller

(cõme

cōme plusieurs) mais pour entendre leurs secretz, & les finesses quilz s'appareillent faire aux pasteurs. Ces drogues pourront encores estre bien cōmodes a ton besoing: car si tu ueux totalemēt sortir d'amour, ie t'enroseray tout le corps d'eau lustrale, et auec ce te perfumeray de soulphre uierge meslé d'hysope et chaste rue, puis te getteray sus la teste de la pouldre ou une mule ou autre sterile animal se sera ueautré, & desnouant l'un apres l'autre tous les neux de ton eschine, ie te feray prendre la cendre de l'autel sacré, & a deux mains la getter par dessus tes espaules au fleuue courant, sans tourner la ueue en derriere. Lors soudainement ses undes emporteront ton amour en la haulte mer, & la laisseront aux Daulphins & Balenes. Mais si tu as plus grand desir de contraindre ton ennemye a t'aymer, ie feray uenir des herbes de tous les quartiers d'Arcadie, lesq̄lles ie destrēperay en ius d'aconite, et y mesleray une <u>louppe cauteleusemēt arra</u>-<u>chée du frōt d'un poulain</u> uenāt de naistre, auāt que sa mere l'ait mēgée. Ce pendāt (ainsi que ie t'enseigneray) tu lyeras une image de cire a trois neux auec trois cordons de trois couleurs: puis la tenāt en ta main, trois foys tourneras autour de l'autel, a chascune fois luy picquāt le cueur auec la poincte d'une dagguem eurdriere, taisiblemēt disant ces paroles:

Ie picque & lye sans rancueur
Celle qui est painéte en mon cueur.
Apres tu auras un lambeau de sa cotte, lequel tu ployeras peu a peu, et l'enfouyras en la terre, disant:
I'encloz & serre en ce drap cy
Tout mon trauail, & mon soucy.
Puis en brulãt un rameau de Laurier uerd subioindras:
Ainsi puisse cracquer au feu
Celle qui mon mal prend a ieu.
Cela faict, ie prendray une blanche Coulombe, a laquelle tu arracheras toutes les plumes l'une apres l'autre, & en les gettant dedans le feu, diras:
Ie seme la chair & les os
De celle en qui est mon repos.
Finablement quand tu l'auras toute deplumée, en la laissant aller seullette, ainsi feras le dernier enchantement:
Inique & dure en apparence,
Demeure nue d'esperance.
Mais a chascune fois que tu feras ces choses, n'oublie de cracher trois coupz, pource que les dieux de magicque s'esiouyssent du nombre imper. Quãt a moy ie ne doute point que ces paroles ne soyẽt de si grãde efficace, que tu uerras uenir ta dame a toy sans aucune cõtradiction, non d'autre sorte que font les iumens furieuses aux riuages de l'extreme occident

dent, quand elles ueulent attendre les generatifz
foufflemens de Zephyrus: & ce te afferme ie par
la diuinité de cefte foreft, & la puiffance de ce
dieu, lequel eftant icy prefent, efcoute ce que ie te
compte. Cela dict, il meit fin a fes paroles: dont ne
fault demander combien de plaifir elles donnerent
a chafcun de la compagnie. Finablement nous con-
fiderans qu'il eftoit teps de retourner a noz beftes
(cõbien que le Soleil feuft encores bien hault) apres
auoir rendu plufieurs graces a ce fainct preftre,
preinfmes cõgé de luy, & defcendans la mõtaigne
par un chemin plus court que le premier, non fans
grande admiration l'allions eftimant en nous mef-
mes, tant que quafi deuallez en la plaine, eftant la
chaleur grande, & uoyans un petit bocage deuant
nous, deliberafmes uouloir ouyr chãter quelq'un de
la cõpagnie, dont Opico donna charge a Seluagio,
luy baillant pour fubgect qu'il s'efforceaft de ma-
gnifier le noble fiecle de noftre temps, abondãment
fourny de tãt & de telz pafteurs, lefquelz on pou
uoit ueior & ouyr chanter entre les troupeaux, et
qui apres mille ans reuoluz feroient fouuentesfois
defirez par les boys. Adonc eftant ceftuy en poinct
de commencer, il tourna (ie ne fcay cõment) la ueue
deuers un petit tertre qui eftoit a fa dextre, & ueit
la haulte pyramide ou gifent en repos eternel les

K

uenerables offemés de Maßilia, qui fut mere d'Er-
gaſto, laquelle en ſon uiuant fut entre les paſteurs
eſtimée comme une Sibylle: parquoy ſe leuãt ſus ſes
piedz ua dire: Amys, allons a ce monument: & ſi
apres les funerailles les ames heureuſes ont cure
des choſes mondaines, Maßilia qui eſt au ciel, nous
ſcaura bon gré de noſtre chanter. Helas elle ſouloit
en ſon uiuãt decider par ſi bõne grace les differens
qui ſourdoient entre nous, dõnant modeſtemẽt cou-
rage aux uaincuz, & exaulceãt les uainqueurs de
ſi merueilleuſes louẽges. Ceſte propoſition de Sel-
uagio ſembla grandement raiſonnable a toute la
bende, parquoy legierement y tiraſmes, recõfortans
l'un apres l'autre le poure Ergaſto q̃ pleuroit. Quãd
nous y feuſmes arriuez, trouuaſmes autãt a cõtem-
pler & repaiſtre noz yeux, que iamais feirent pa-
ſteurs en aucune foreſt: & uous orrez cõment. La
belle pyramide eſtoit aßiſe en une petite plaine ſus
une baſſe mõtaignette eleuée entre deux fontaines
d'eau claire & doulce, la poincte dreßée deuers le
ciel en forme d'un Cypres droict et feuillu. A chaſ-
cun de ſes quatre flans ſe pouoient ueoir pluſieurs
hiſtoires de treſbelles figures, qu'elle meſme durant
ſa uie auoit faict paindre en reuerence de ſes prede-
ceſſeurs antiques, ſpecifiant combien y auoit eu en
ſa race de paſteurs qui au temps iadiz auoyent eſté
fameux

fameux & singuliers par les forestz, ensemble le nombre des bestes dont ilz souloient estre possesseurs. A l'entour de ceste Pyramide faisoient umbre plusieurs arbres ieunes & fraiz qui n'estoient encores percreuz a l'egale hauteur de la poincte, pourautant que peu de temps auparauant y auoient esté plantez par le bon Ergasto: en compassion duquel plusieurs pasteurs auoient aussi enuironné le lieu de hautz sieges, non de ronses ou buyssons, mais de Geneures, Rosiers, & Gensemis. puis auec leurs besches formé un throsne pastoral, & de pas en pas erigé certaines tours de myrte & romarin tyssues d'un tresmerueilleux artifice: côtre lesquelles uenoit a plein uoyle un nauire faict seulement de franc osier & de brāchettes de lyerre, si naturellement representé, que uous eussiez dict qu'il uoguoit en mer calme. Entre ses appareilz alloient oysillons chantans & rampans, maintenant sus le timō, et maintenāt sus la hunne, en maniere de mattellotz expertz & bien exercitez. Dauantage parmy les arbres & les hayes se ueoyent plusieurs bestes fauuages singulierement belles & agiles, qui sautoient allegrement, & s'esbatoient a diuers ieux, se baignans dedans les eaux des fontaines, pour donner (ce croy ie) passetemps aux Nymphes gardiennes de ce lieu, & aux cendres la en-

K ij

terées. A ces beautez s'en adioignoit une nõ moins estimable qu'aucune des autres, c'est que toute la terre estoit couuerte de fleurs, non fleurs a bien dire, mais terrestres estoilles, dont elle estoit painctte d'autant de couleurs qu'il s'en treuue en la queue du glorieux Paon, ou que lõ en ueoit en l'arc du ciel quand il nous denõce la pluye. La estoiët lyz, troesnes, uiolettes tainctes d'amoureuse palleur, grande abondauce de Pauot dormitif auec les testes enclinées, les espiz rouges de l'immortel passeueloux, dõt lon faict de beaux chappeletz en la saison d'yuer: & pour le faire court, lon y pouoit ueoir fleurir tous les beaux ieunes enfans & magnanimes princes qui furent aux premiers tẽps deplorez par les antiques pastoureaux, retenãs encores leurs nõs, cõme Adonis, Hyacinthus, Aiax, Crocus, & sa belle amoureuse, entre lesquelz estoit le temeraire Narcissus, que lon eust iugé contempler sus les eaux la pernicieuse beaulte qui fut occasiõ de luy faire perdre la uie. Lesquelles choses apres auoir esté par nous (l'une apres l'autre) fort estimées, & diligemment leu le digne epitaphe engraué sus la belle sepulture, aussi que nous y eusmes faict noz offrandes de plusieurs chappeaux de fleurettes, nous nous reposasmes auec Ergasto dedans des couches de Lentisques, ou plusieurs Ormes Chesnes &
Lau-

DE SANNAZAR. 75

Lauriers siffloient de leurs fueilles tremblātes, &
se mouuoient dessus noz testes. Auec ce les murmu-
res des undes enrouées (qui couloient sus les her-
bes uerdes, & s'en alloient trouuer la plaine) ren-
doient un son fort plaisant a ouyr. Les Cigales du-
rant la force de la chaleur s'efforceoient de chan-
ter dessus les rameaux umbrageux. La dolēte Phi-
lomela se lamentoit de loing entre les espines. Mer-
les, Huppes, & Calendres chantoient. La solitaire
Tourterelle gemissoit sus les hautes riues. Les son-
gneuses mousches a miel faisant doux et soef mur-
mure, uolloient a l'entour des fontaines. Brief, tou-
tes choses sentoient l'esté. Les pommes esparses en
terre en si grande abondance qu'elle en estoit quasi
toute couuerte, fleuroient si bon que merueilles. Les
petitz arbres par dessus estoient si chargez de
fruict, que presque uaincuz du poix de leur char-
ge, sembloit qu'ilz se uousissent esclater: dont Sel-
uagio a qui touchoit de chanter sus ceste matiere,
faisant signe de l'œuil a Fronimo qu'il luy respōdist,
finablement rompit le silence par telles paroles:

SELVAGIO.

C es montz icy (comme d'aucuns estiment)
N e sont muetz, n'y priuez de cantiques
(O Fronimo) mais si bien les expriment,

K iij

Tous ces vers emportent allegorie

L'ARCADIE

Que ie quasi les compare aux antiques.
Fronimo.
Des muses plus n'oyt on parlementer,
Et ne faict on de Naccaires plus compte,
Veu que pasteurs ne sont par bien chanter
Plus couronnez: qui est une grand honte.
  Chascun se touille en la bourbe des uaches,
Dont tel est plus qu'yeble ou Auronne infect,
Qui sent meilleur, ce semble, que les baches,
Ny que l'Ambroise en la saison ne faict.
Parquoy ie crains que les dieux ne s'esueillent
Du long sommeil pour aux bons enseigner
Comme il faudra qu'en uengeance trauaillent,
Saignée de bices Pour des meschans les grans fautes signer:
Et s'une fois aduient que deuil en ayent,
Iamais orrage ou pluye ne sera
Que les suspectz pour le moins ne s'essayent
De retourner a ce que bon sera.
Seluagio.
A my, i'estoye entre Vesuue & Baie
En la planure ou Sebetho le court
Ioindre se ua par une sente gaye
A la grand mer, & doulcement y court.
  Amour, lequel de mon cueur ne se part,
Vn temps me feit fleuues estranges ueoir:
Et quand mon ame y pense tost ou tard,

Nouueau

Nouueau tourment luy en conuient auoir.
 Si ie paſſay ronſes, buyſſons, orties,
Mes piedz l'ont ſceu, & ſi craintes m'ont mis
Ours furieux, nations aſſorties
De dures meurs, ou tout mal eſt permis.
 Finablement les oracles me dirent,
Cherche la uille ou les Chalcidiens   Naples.
Deſſus le uieil tumbeau ſe confondirent
Nouueaux pays & terres mendians.
 Ie n'entendois cela, mais des paſteurs
Prophetiſans me le feirent entendre,
Et uey depuis qu'ilz n'eſtoient point menteurs,
Ains pour mon bien parloient ſans rien pretendre.
I'apprins entre eux a coniurer la Lune,
Et tout ce dont ſe uenterent iadiz
Alpheſibée & Meris en commune
De la magicque entendans faictz & dictz.
Herbe ne croiſt ſauuage ou domeſtique,
Qui bien ne ſoit congneue en leurs foreſtz:
N'y quelle eſtoille eſt fixe ou erratique:
Dont ſe prononce entre eux de beaux arreſtz.
La tous les ſoirs quand le ciel deuient ſombre,
Conteſtent l'art de Phebus & Pallas.
Lors pour ouyr chaſcun ſe tire en l'umbre,
Meſme Faunus: lequel y prend ſoulas:
Mais entre tous comme un Soleil eſclaire

L'ARCADIE

[marginal note: c'est le surnom de la famille Clos que prisoit de molphes.]

C araciol, qui pour adroit herper,
O u sonner muse en resonance claire,
N e trouueroit en Arcade son per.
 I amais n'apprint a tailler la uignette
O u moyssonner, ains a guerir troupeaux
D e clauellée, & rendre leur chair nette,
E n conseruant les laines & les peaux.
 V n iour aduint pour purger son courage
Q u'ainsi chanta soubz un Fraisne ioly,
M oy des panniers faisant de gros ouurage,
L uy une cage estant d'osier poly.
 Face le ciel qu'a nous icy ne uiennent
F aux detracteurs, & qu'entre les moutons
L a destinée & le sort me soustiennent
C ontre l'assault de ces paillars gloutons.
 V aches allez en celle uerde plaine,
A fin que quand les montz obscurciront,
C hascune tourne a la maison bien pleine:
C ar desormais pastiz accourciront
Q ue de troupeaux ieusnét bien qu'ilz ne ueuillét.
P our ne trouuer pasturage a foyson,
F euilles de uigne emmy la terre cueuillent,
E t de cela uiuent toute saison.
 A peine (helas) de mille une en eschappe:
C ar chascun a tant de necessité,
Q ue maintesfois i'en pleure soubz ma chappe,

      E stant

E stant mon cueur de douleur incité.
  Quiconque donc a des biens abondance
E n ce temps cy miserable & meschant,
P oulsant chascun hors de sa residence,
D ieu remercie en hymnes & en chant.
  Tous les pasteurs delaissent Hesperie,
B oys usitez, & fontaines aussi:
L e rude temps farcy de tromperie,
L es y contrainct, & leur faict faire ainsi.
  Errans s'en uont par montz inhabitables,
P our leurs troupeaux ne ueoir exterminer
P ar estrangers nullement charitables,
E n qui raison ne scauroit dominer.
  Et toutesfois a faulte de bons uiures
P aissoient le glan d'Aoust iusques en Iuillet,
N on au temps d'or, ains de plaisir deliures,
S e retiroient en maint trou noir & laid.
  Mais maintenant ilz uiuent de pillage,
C omme faisoient ces pastoureaux premiers
E n Hetrurie, alors petit uillage:
I'ay oublié leurs noms sus ces fumiers.
  Bien me souuient que par l'augure fut
V aincu l'un d'eux, mourant en facon uile:
H a, c'est Remus, auquel ainsi mescheut
O ultrepassant la merque de leur uille.
  En un moment ie sue, & si frissonne,

L'ARCADIE

Dont i'ay grand peur d'un autre mal latent,
De Sel se doit munir toute personne,
Dieu le commande, & fortune l'entend.

Ne uoyez uous la Lune estre eclipsee,
Et Orion armé de son couteau?
De mal en pis la saison est glissée:
Car Arcturus se plonge dedans l'eau.

Ia le soleil qui se cache de nous,
A ses rayons estainctz, & le uent gronde,
Dont ne scay quand ny comment l'Esté doulx
Retournera sus ceste masse ronde.

Les nues font tresmerueilleux orrage:
En s'espartant Tonnoirre, Esclair & feu,
Troublent tant l'air, qu'il chet en mon courage
La fin du monde estre auant qu'il soit peu.

O doulx printemps, O fleurettes nouuelles,
O petitz uentz, O tendres arbrisseaux,
Fertiles champs, herbes fraiches & belles,
O montz, o uaulx, fontaines & ruisseaux.

Palmes, Lauriers, Lyerres, Myrtes, Oliues,
O des forestz uenerables espritz,
O gente Echo, Rocz & claires eaux uiues,
Nymphes portans arcs & trousses de pris,

O Pans ruraux, Syluans, Faunes, Dryades,
Naiades, plus deesses qu'a demy,
Napées (las) doulces Hamadryades,

Or

O r estes uous seules, & sans amy.
En tous endroitz sont les fleurs ia passées,
T ous animaux de chasse, Oyseaux apres,
Q ui deschargeoient uoz cueurs de grans pensées,
V ont perissant autant loing comme pres.
Le bon uieillart Silenus parlant cas,
N e treuue plus son asne qui le porte,
M ortz sont Daphnis, Mopsus, & Menalcas,
E t auec eulx la preudhommie est morte.
Hors les iardins Priape est sans sa faulx,
G eneure n'a ny Saule qui le cœuure,
V ertumne plus es iours d'Autonne chaux
N e se desguyse, & ne faict aucune œuure.
Pomone rompt & desbrise sans faincte
S es beaux fruittiers qu'elle espart ça & la,
E t ne permet que main sacrée ou saincte
C oupe le boys: dont il demeure la.
Et toy Pales t'indignes de l'oultrage
Q u'on ne te rend deues oblations
E s moys d'Auril & May, comme en l'autre aage
Q ui te seruoit sans simulations.
S'un a meffaict, & tu ne l'as dompté,
Q u'en pouoient mais de ses uoysins les bestes,
Q ui s'esbatoient au boys en fleurs monté
S oubz le flageol, iours ouurables & festes?
Quand fut ce helas que pour nous affliger

L'aueugle erreur se meit en la pensee
De ce felon, desdaignant s'obliger
A maintenir la coustume passee?
　Pan furieux, de rage en a brisé
Sa canne chere, & maintenant s'en blasme,
Priant Amour des Dieux le plus prisé,
Qu'il soit recors de Syringa sa dame.
　Doresnauant ne faict Diane estime
De dardz aguz, de cordes ny d'arc d'If.
Qui luy ont faict maint animal uictime,
En le rendant trop pesant & tardif.
　Plus, en horreur elle tient la fontaine
Ou Acteon fut Cerf par ces follies,
Et laisse errer sans conduicte certaine
A trauers champs ses compagnes iolies.
　Ce non obstant point ne se fie au monde:
Car elle ueoit estoilles trebuscher
Du hault du ciel en bourbe trop immunde,
Mais nullement ne s'en ueult empescher.
　Marsias fol, qui sans peau n'a repos,
A tout gasté le haubois de Pallas,
Cause qu'il monstre & sa chair & ses os
Tous denuez, & qu'il en crie helas.
　Minerue au loing son horrible escu lance
Par grand cholere, estant esmeu son fiel:
Apollo plus ne loge en la balance,

Ny en

DE SANNAZAR.

N y en Taurus, des bons logis du ciel,
  Ains tout dolent aßis sus une roche
P res Amphrisus, sa houllette en son poing,
T ient soubz ses piedz, en signe de reproche,
S on beau carquoys, & n'en a plus de soing.
  O Iupiter, tu le ueois de ta tour,
E t qu'il n'a herpe a chanter son libelle,
D ont souspirant desire l'heure & iour
Q ue soit deffaict le monde tout en tour,
E t qu'il reprenne une forme plus belle.
  Bacchus, & maint yurongne
C hancellant sans appuy,
V eoit Mars armé, qui grongne,
V enir encontre luy
D e sa sanglante espée
R endant de toutes pars
L a place inoccupée,
E t les hommes espars.
  O uie langoureuse,
N ul n'y est resistant.
F ortune malheureuse,
E t ciel trop inconstant,
V oicy que mer sauuage
S e commence a troubler,
E t sont sus le riuage
D ieux marins a trembler.

L'ARCADIE

E sbahiz que Neptune
L es chasse, & du Trident
L eurs ioues importune,
D urement les bridant.
L ibre & Virgo sont closes
A u ciel (leur appetit)
I e restrains de grans choses
E n ce uoyle petit,
E t tel presume entendre
C e mien obscur parler,
Q ui n'y peult rien comprendre,
V eu que ie painctz en l'air.
Q uand est ce que doulx somme
H ors les boys on prendra?
Q uand mort, qui tout assomme,
D roict aux meschans rendra.
L es blasphemes antiques
N e penserent iamais
S i douloureux cantiques,
Q u'on chante desormais.
   Oyseaux rapteurs, & formis de la terre
M engent noz bledz abandonnez aux champs.
D e liberté priue la dure guerre
L es laboureurs & les poures marchans.
   Si que trop mieux en la terre scythique
V iuent les gens soubz Boote a l'ouuert

(marginal note: Toutz ces vers ne sont qu'allegorie.)

Combien

Combien que soit leur uiure tout rustique,
Et leur uin faict de sorbes aspre & uerd.
  I'ay souuenir qu'en la cime d'un Hestre
Vne Corneille(helas) le predisoit,
Parquoy mon cueur dolent, ce qu'on peult estre,
En un caillou presque se reduisoit.
  La crainte en moy de rechef s'imprima,
Voiant le mal s'accroistre: & n'y a doubte
Que la Sibylle en feuilles exprima
Par ses escriptz la digression toute.
  Le Tigre & l'Ourse ont faict nopces estranges.
O Parques donc, que n'allez uous couper
Ma toile courte au plus pres de ses franges,
Sans le mestier fatal en occuper?
  Syez pasteurs le Noyer de qui l'umbre
Par sa froideur aux grains de terre nuyct,
Il en est temps, premier que uienne sombre
Le sang par aage accourant iour & nuyt.
  N'attendez point que la terre s'attourne
De mauuais plant, ne tardez iusqu'adonc
A l'arracher, que le taillant se tourne
Des ferremens a l'encontre du tronc.
  Coupez bien tost les racines aux Lyerres:
Car si par temps prennent force & uigueur,
Ne laisseront Sapins entre les pierres
Croistre & monter par oultrage & rigueur.

Ainsi chantoit, faisant bois retentir
De telz accentz, que ne scay s'onc en peurent
Gens en Parnase ou Menale sentir,
Mesme en Eurote, aussi doulx comme ilz furent.
　Et s'l n'estoit que son troupeau l'amuse
En son ingrate & rude nation,
Qui maintesfois faict a sa doulce Muse
Mort desirer par indignation,
　A nous uiendroit laissant l'Idolatrie,
Et fainctes meurs au siecle dissolu,
Sans charité nayue a la patrie:
Car il s'y est long temps a resolu.
　C'est un miroer de uertu si luysant,
Que le monde est embelly de son uiure,
Plus digne il est, plus exquis & duisant,
Que mon parler ne le uous painct & liure.
　Bien heureuse est la terre (o mes amys)
Qui l'a produict & formé pour escrire,
Et Bois a qui uers ouyr est permis,
Ausquelz le ciel ne peult la fin prescrire.
　Mais bien uouldrois les faux Astres reprendre,
Et ne me chault si mon dire les poingt:
La nuyt du ciel feirent si tost descendre,
Qu'esperant plus de ce pasteur entendre,
Les Ardans uey tournoyer en ce poinct.

il ne

Il ne fault demander si les longues rymes de Fronimo & Seluagio donnerent uniuerselement plaisir a chascun de la bende. Quant a moy, oultre le grand contentement que i'en receu, elles me feirent par force uenir les larmes aux yeux, entēdant si bien parler de la delectable situatiō de mō pays: car tant que ses rymes durerent, il me sembloit fermement que i'estoie en la belle plaine dont cestuy la parloit, & que ie contemploye le plaisant Sebetho (mon Tibre Napolitain) lequel en diuers canaulx discourrant atrauers la cāpaigne herbue, puis reuny tout ensemble, passoit doulcement soubz les arches d'un petit pont, & sans murmure s'en alloit ioindre a la mer. Aussi ne me fut petite occasion d'ardans souspirs, l'ouyr nommer Baie & Vesuuio, me reuenant en memoire les passetēps que ie souloye prendre en ces lieux: auec lesquelz encores me tournerēt en souuenāce les baings tiedes, les superbes edifices, les uiuiers delectables, les belles isles, les mōtaignes sulphurées, & la cauerne percée en l'heureuse coste de Pausilipus, peuplée de plaisantes bourgades, et doulcement batue des undes marines. Dauantage la fructueuse montaigne dominante a la uille, qui peu ne m'estoit agreable pour la memoire des iardins de la belle Antiniana, Nymphe grandement celebrée par mon excellent Pontano. A ceste

L

penſée encores ſ'adiouſta le recors de la magnificē-
ce de mon noble pays, lequel abōdant en richeſſes,
plein de peuple opulent et priſé, oultre le grād cir-
cuit des belles murailles, contient en ſoy l'admira-
ble port, refuge uniuerſel de toutes les nations du
monde. Et auec ce les haultes tours, les riches tem-
ples, les grās pallais, honorables ſieges de noz gou
uerneurs & magiſtratz, les rues pleines de belles
dames, & d'agreables gentilz hommes. Que diray
ie des ieux, feſtes, tournoys, artz, eſtudes, & tant
d'autres louables exercices? Veritablement non une
Cite ſeule, mais quelcōque prouince ou grād royau-
me que ce ſoit, en ſeroit aſſez conuenablement ho-
noré. Si eſt ce que ſur toutes choſes ie prins plaiſir
a l'ouyr exaulcer pour les eſtudes d'eloquence, &
de la diuine ſublimité de Poeſie, mais entre autres,
des louëges meritoires du uertueux Caraciol, grād
ornement des muſes uulgaires: la chanſon duquel ſi
pour ſon ſtile couuert ne fut de nous bien entendue,
ſi ne demeura il pourtant qu'elle ne fuſt de chaſcun
eſcoutée en ſinguliere attention. Toutesfois ie croy
qu'Ergaſto la comprint: car ce pendant qu'elle du-
ra, ie le uey profundemēt occupé en une longue pē-
ſee, tenāt touſiours ſus ce monumēt les yeux fichez
ſans les mouuoir ne ſiller des paulpieres, cōme une
perſonne tranſportée. Vray eſt qu'il en gettoit par
fois

fois aucunes lermes, & murmuroit taifiblement
quelque chose entre ses leures. Mais la chanson fi-
nye, & de plusieurs interpretée en diuerses manie-
res, pource que la nuyt approchoit, et que les estoil-
les commēceoient a se mõstrer au ciel, Ergasto com-
me esueillé d'un lõg sõmeil, se dressa sur ses piedz:
& en piteux regard se tournant deuers nous, se
print a dire, Mes amys, i'estime que la fortune ne
nous a icy amenez sans la dispositiõ des dieux, con
sideré que le iour qui me sera perpetuelement en-
nuyeux, & que toute ma uie honoreray de mes lar
mes; est finablement reuolu: car demain s'acheue
la malheureuse annee, en laquelle (a uostre com-
mun regret, & douleur uniuerselle de toutes les fo
restz circunuoysines) les ossemens de nostre Massi-
lia furent consacrez a la terre. A l'occasion de quoy
si tost que ceste nuyt sera passée, & que le soleil
par sa lumiere aura dechassé les tenebres, auſsi que
les bestes sortirõt des estables pour aller en pasture,
uous semblablemēt (cōuoquant les autres pasteurs)
uiendrez en ce lieu celebrer auec moy les pompes
funebres et ieux solemnelz en memoire d'elle, selon
que nous auons de coustume: et chascun pour sa ui-
ctoire aura de moy tel dõ que lõ peult esperer d'un
hõme de ma qualité. Cela dict, Opico uouloit demou
rer auec luy: mais pource qu'il estoit uieil et caduc,

L ij

ne luy fut aucunement permis, ains luy furent baillez quelques ieunes hommes pour le reconduire en sa maison : & la plus grand partie de nous demoura toute celle nuyt a ueiller auec Ergasto. pour laquelle chose faire, estāt l'obscurité par tout espādue, nous allumasmes enuirō la sepulture plusieurs flambeaux, mesmement sus la poincte d'icelle un plus grād qu'aucun des autres, lequel a mon iugement se monstroit de loing aux regardans comme une claire Lune entre plusieurs estoilles. Ainsi en doulx & lamentables sons de musettes sans point dormir se passa toute celle nuyt : en laquelle les oyseaux quasi desireux de nous uaincre, s'efforceoiēt de chanter sus tous les arbres de ce pourpris, & les bestes sauuages (delaissée leur crainte acoustumée) comme si elles eussent este priuées, gisoient au tour de la sepulture, de sorte qu'il sembloit qu'elles prinssent merueilleux plaisir a nous escouter. En ces entrefaictes l'aulbe uermeille s'esleuant sus la terre, aduertissoit les hommes de la proximité du Soleil, quand par le son de la cornemuse nous entendeismes de loing uenir la compagnie : & quelque espace de temps apres (uenant le ciel a s'esclaircir peu a peu) commenceasmes a la descouurir en la plaine, ou tous les compagnons uenoiēt en belle ordonnance, uestuz & parez de feuillars, chascun

une

une longue branche en sa main, tellement qu'a les ueoir de loing, ne sembloit que ce feussent hommes, ains une uerde forest se mouuant uers nous auec tous ses arbres. finablement quand ilz furent montez sus la montaigne ou nous estions, Ergasto mettant sus sa teste une couronne d'oliuier, auant toute œuure adora le Soleil leuant: puis tourné deuers la belle sepulture, en piteuse uoix se print a dire, chascun faisant silence: O cedres maternelles, & uous uenerables & chastes ossemens : Si contraire fortune m'a osté la puissance de uous esleuer en ce lieu une sepulture egale a ces montaignes, & l'enuironner toute de forestz umbrageuses auec cent autelz alentour, sus lesquelz tous les matins cent uictimes uous feussent offertes: si ne me pourra elle garder que d'une pure uolunté & amour inuiolable ie ne uous presente ces petiz sacrifices, & que ie ne uous honore de faict & de pensée tant que se pourrõt mes forces estendre. En ce disant, il feit ses offrandes, baisant religieusement la sepulture. Au tour de laquelle les pasteurs aussi poserent leurs branches, et tous appellans a haulte uoix l'ame diuine, semblablement feirent deuotes oblations, l'un d'un aigneau, l'autre de miel: l'un de laict, & l'autre de uin. mesmes plusieurs offrirent Encens auec myrre & autres herbes odoriferentes. Cela faict,

L iij

Ergasto proposa les pris a ceulx qui uouldroient courir : & faisant amener un grand mouton, qui auoit la laine merueilleusement blanche, & si longue qu'elle luy battoit quasi iusques sus les piedz, deit : Voycy pour celuy a qui l'agilité & fortune ottroyeront le premier honneur de la course. Au second est appareillée une bouteille neuue cōuenable au salle Bacchus. Le troisiesme sera content de ce baston de Geneure, garny d'un si beau fer qu'il pourra seruir de dard & de houlette. A ces paroles se meirent en auant Ophelia & Carino ieunes hommes, promptz & legers, accoustumez d'attaindre les Cerfz a la course ; & apres eulx Logisto, Gallicio, et le filz d'Opico nommé Parthenopeo, auec Elpino, Serrano, & autres leurs compagnons plus ieunes, & de moindre estime. Lors chascun s'estant mis en ordre, le signe de desloger ne fut si tost donné, que tous en un temps se prindrent a estendre leurs pas du long de la uerde cāpagne, auec telle impetuosité, que ueritablement uous eussiez dict que c'estoiēt sayettes ou carreaux de fouldre: & tenās tousiours les yeux fichez ou ilz entēdoiēt arriuer, chascun s'efforceoit de passer ses cōpagnōs. Mais Carino par merueilleuse agilité estoit ia deuāt tous les autres : apres lequel, toutes fois d'assez loing, suyuoit Logisto, & puis Ophelia,
du dos

du dos duquel Gallicio eſtoit ſi prochain, que quaſi
de ſõ alleine luy eſchauffoit le collet, et mettoit ſes
piedz ſus les meſmes marches qu'il faiſoit, telle-
mẽt que ſ'ilz euſſent eu plus gueres loing a courir,
il l'euſt ſans point de doubte laiſſé derriere. Et ia Ca
rino uainqueur auoit peu de chemin a faire pour
toucher a la butte deſignee, quand (ie ne ſcay com-
ment) un pied luy faillit par un eſtoc, pierre, ou
autre heurt, qui en fut cauſe: dont ſans ſe pouoir
retenir, il cheut tout eſtendu, & donna du uiſage
& de la poitryne en terre. Mais, ou par enuie, ne
uoulant que Logiſto gaignaſt le pris, ou de uray ſe
uoulant leuer (ie ne ſcay par quelle maniere) en ſe
dreſſant, il luy meit une iambe deuant: & pour la
grande roydeur dont ceſtuy la couroit, le feit ſem-
blablement cheoir aupres de luy. Logiſto tumbé,
Ophelia ſe print de plus grand cueur a efforcer ſes
pas emmy la campagne, ſe uoyant eſtre le premier.
Et lors les criz & grandes huées des paſteurs
le ſtimuloyent a la uictoire, ſi bien que finable-
ment arriuant au lieu deſtiné, il obtint (ſelon ſon
deſir) la premiere palme: & Gallicio qui le ſuy-
uoit de plus pres que nul des autres, eut le ſecond
pris: puis Parthenopeo le tiers. Adõc Logiſto en criz
& rumeurs haultains ſe print a lamenter de la
fraude dõt Carino auoit uſé en ſon endroit, qui met-

L iiij

tant le pied entre ses iābes, luy auoit faict perdre le premier hōneur, lequel il requeroit a grāde instāce. Mais au contraire Ophelia le maintenoit sien, saisissant a deux mains par les cornes le moutō gaigné: sus quoy les uoluntez des pasteurs inclinoient en diuerses parties, quand Parthenopeo filz d'Opico soubzriant se print a dire: Si uous donnez a Logisto le premier pris, lequel auray ie, moy qui suis maintenant troysiesme? Auquel Ergasto en ioyeux uisage respondit, Les pris que uous auez ia euz, seront uostres: toutesfoys il m'est loysible auoir compassion d'un amy. & cela disant, feit don a Logisto d'une belle brebis auec deux aigneaux. Quoy uoiāt Carino, se tournāt deuers Ergasto, deit en ceste maniere, Si tu as tāt de pitié de tes amys tumbez, qui merite plus que moy d'auoir quelque gratuité? Sās point de doubte i'eusse esté le premier, si l'accident qui feit dommage a Logisto, ne m'eust aussi esté cōtraire. Et disant ces paroles, monstroit sa poytrine, son uisaige, et sa bouche, tous pleins de pouldre, de sorte qu'il en feit rire tous les pasteurs. Ce pendant Ergasto feit uenir un beau chien blanc, & en le tenant par les oreilles, deit, Pren ce chien nōmé Asterion, qui est de la rasse de mon uieil Petulco, lequel estant sus tous autres chiens amoureux & loyal, merita que sa mort aduancée fust plaincte & regrettée

grettée de moy: & toutes les foys que i'en parle, suis côtrainct souspirer profondement. Le tumulte & deuises des pasteurs appaisez, Ergasto meit en euidence une barre de fer, grosse, longue, & fort pesante, & deit: Celuy qui mieux & le plus loing tirera ceste barre, n'aura de deux ans besoing d'aller a la uille pour acheter besches, paelles, ny coutres, car elle luy sera labeur & loyer. A ces paroles se leuerent Montano, Elenco, Eugenio, & Vrsachio: lesquelz passez deuant la presse, & s'estant mis en ordre, Eléco se print a soubz peser ceste barre: & apres qu'en soymesme en eut biē examiné la pesanteur, de toute sa force se meit a la tirer: toutesfois il ne la sceut gueres esloigner de soy. Le coup fut soudainement merqué par Vrsachio, lequel estimant (peut estre) que la seule force deust suffire en cest endroit, nonobstant qu'il y employast toute sa puissance, tira de sorte qu'il en feit rire tous les pasteurs, a cause qu'il getta presque a ses piedz. Le tiers tireur fut Eugenio, leql passa de trop les deux precedentz. Mais Montano a qui touchoit le coup dernier, estant un peu entré en place, se baissa uers la terre: & auant qu'il prinst ceste barre, deux ou trois fois frotta sa main en la pouldre, puis adioustant quelque dexterité a la force, aduancea tous les autres d'autant deux fois qu'elle estoit longue.

Adonc tous les pasteurs luy congratulerent, & en grande admiration louerẽt le beau coup qu'il auoit faict. Quoy uoyant Montano, print ceste barre comme sienne, & s'en retourna seoir en sa place.

Ce ieu finy, Ergasto feit cõmencer le troysiesme, qui fut tel. Il feit en terre auec une de noz houlettes une fosse si petite, qu'un pasteur y pouoit demourer seulement sus un pied, & tenir l'autre en l'air, cõme souuentesfois nous uoyons faire aux Grues. Contre celuy qui seroit la, deuoient tous les compagnõs uenir a clochepied l'un apres l'autre, chascun faisant effort de l'engecter. Mais (autãt d'une part que d'autre) qui ne uouloit perdre, ne falloit pour quelque chose qui aduinst, toucher terre du pied leué. En ce ieu se ueirẽt plusieurs beaux traictz, et pour rire, estant mis dehors maintenant l'un, maintenant l'autre. Finablement quand le tour de Vrsachio fut uenu, & qu'il deut garder ceste fosse, uoyant de loing uenir un pasteur contre luy, qui se sentoit encores escorné de la risée des cõpagnons, & cherchoit d'amender la faulte qu'il auoit faicte en tirant la barre, il eut son recours aux finesses, & baissant tout d'un coup la teste, en merueilleuse promptitude la meit entre les iambes de celuy qui s'estoit approché pour le heurter, & sans luy laisser prendre alleyne, le getta les iambes en
l'air

l'air pardessus ses espaules, & l'estendit sus la pouldre tout aussi long cōme il estoit. L'esbahissement, la risée, & les criz des pasteurs furent grans. parquoy Vrsachio prenant courage, se meit a dire, Chascun ne peult scauoir toutes choses. Si i'ay failly en un endroit, il me suffit d'auoir recouuré mon honneur en l'autre. Lors Ergasto ryant afferma qu'il disoit bien.& tirant de son coste une faucille tresmignōne a un beau māche de buys, & qui iamais n'auoit esté employée en aucun ouurage, luy en feit un present. Puis soudainement constitua les pris a ceux qui uouldroyent lutter, offrant au uainqueur un beau uase d'Erable enrichy de plusieurs painctures, faictes de la main d'André Mantegna Padouan, sur tous ouuriers ingenieux et excellent. Entre autres y auoit une Nymphe nue bien formée de tous membres, reserué les piedz, qui estoient cōme ceux des cheures. Ceste Nymphe assixe sus un oyre enflé, dōnoit la tette a un petit Satyreau, qu'elle regardoit de si bōne grace, qu'il sembloit qu'elle se consumast toute d'amour & d'affection. L'enfant tettoit l'une des mamelles, & tenoit sa petite main estendue sus l'autre, la regardāt du coing de l'œuil, comme s'il eust eu crainte qu'on la luy uousist desrober. Tout aupres d'eux se pouoient ueoir deux enfans pareillement nudz, lesquelz s'estans acoustrez de deux masques horribles, passoient leurs petites mains par les bouches d'icelles, afin d'espouenter deux autres qui estoient la figurez, l'un desquelz fuyant se retournoit en derriere, & crioyt de peur, le plus fort qu'il estoit possible. l'autre qui estoit tumbé par terre, pleuroit a bon escient: & ne se pouant autrement secourir, estēdoit la main pour les esgratigner. Par le dehors de ce uase couroit tout autour une uigne chargée de raisins meurs, a l'un des boutz de laquelle un serpent se tortilloit de sa queue, & auec la bouche ouuerte uenant a trouuer le bort d'icelluy, formoit une anse merueilleusement belle & estrange pour le tenir. La singularité de ce pris incita grandement les courages des circōstans a deuoir lutter: toutesfois ilz attendirent pour ueoir que feroient les plus grans & plus estimez. Lors uoyant Vranio que nul ne bougeoit encores, se leua soudainement en piedz, & despouillant son manteau, commencea de monstrer ses larges espaules. A l'encontre de luy se presenta courageusement Seluagio pasteur bien congneu & fort estimé par les forestz. L'attente des assistens fut grande uoyant deux telz compaignons entrer en champ l'un contre l'autre. Finablement quand ilz se furent entreapprochez, & longuement regardez depuis les piedz iusques

a la

a la teste, d'une impetuosité furieuse se uont estraindre a force de bras: & chascun deliberant ne ceder a sa partie, sembloient deux Ours enragez, ou deux puissans Toreaux qui se combatissent en ce pré: & ia leur couroit la sueur par tous les membres: mesmes les ueynes des bras & des iambes s'en monstroient beaucoup plus grosses & plus rouges, a cause de l'emotion du sang: tant chascun d'eux se trauailloit pour la uictoire. mais ne se pouãs ny abbatre, ny ebranler, & doutant Vranio que la lõgue demeure ennuyast aux regardans, se print a dire a son compaignon: Seluagio puissant & courageux, le tarder (cõme tu peux ueoir) ennuye a l'assistence: parquoy soubzleue moy de terre, ou ie te soubzleueray, & du reste laissons en cõuenir aux dieux. En ce disant il le soubzleua: mais Seluagio n'ayant oublié ses finesses, luy donna un grand coup du talon derriere la ioincture du genouil, de sorte que luy faisant par force ployer le iarret, le feit cheoir a la renuerse, & tumba sus luy, sans y pouoir remedier. Adonc tous les pasteurs esmerueillez cõmencerẽt a faire grãdes huées. puis estãt le tour de Seluagio uenu qu'il deuoit soubzleuer son cõpaignon, il le print a deux bras par le faux du corps, mais pour sa grande pesanteur, & pour le trauail qu'il auoit enduré, ne le pouant soustenir, nonobstãt qu'il y meist toute sa puissance, fut force que tous deux tumbassent l'un aupres de l'autre. A la fin s'estāt releuez, ilz se preparoient de mauuais courage a la tierce lutte: mais Ergasto ne uoulut que ceste fureur procedast plus auant, ains les appellant amyablemēt, leur deit: V<u>oz forces ne sont a cōsumer en cest ēdroit pour un si petit guerdō</u>. La uictoire est egalle entre uous deux, aussi en receurez uous pareilles recōpenses. & en disant cela, il deliura a l'un le beau uase, & a l'autre une harpe neuue ouuree de toutes pars, rendant bien doulce armonye, qu'il tenoit <u>fort precieuse, pour allegeance & confort de ses douleurs</u>. Les compagnons d'Ergasto auoyent la nuyt precedente pris de fortune un loup en leurs estables, & pour passetemps le tenoiēt uif attaché a l'un des arbres de ce lieu. De ce loup Ergasto pēsa qu'il feroit son dernier ieu en ceste iournée. Adonc s'adressant a Clonico (qui pour chose ayant esté faicte ne s'estoit encores leué de son siege) luy deit, Et toy, laisseras tu au iourd'huy ta Massilia impourueue d'honneur? ne feras tu en memoire d'elle quelque preuue de ton corps? O ieune hōme ualeureux, pren ta fonde, & faiz cōgnoistre a l'assistence que tu me portes aussi bon uouloir que piece des autres. Cela disant, a luy & a la cōpagnie monstra ce loup ainsi lyé, & deit: Qui ueult auoir

un iargaut

un iargaut ou collet de peau de loup pour se garder
des pluyes de l'yuer, il le peult maintenant gaigner
a coupz de fonde tirant cōtre celle butte. Lors Clo
nico, Parthenopeo, Mōtano (qui nagueres auoit gai-
gné le pris de la barre) & Fronimo le prudent, cō-
mencerent a desceindre leurs fondes, & en singler
de toutes leurs puissances. puis getté le sort entre
eux, le premier coup aduint a Montano, le second a
Fronimo, le tiers a Clonico, & le quart a Parthe-
nopeo. Montano doncques bien ayse de sa preemi-
nence, meit un caillou uif en la retz de sa fonde,
& de toute sa force le tournoyant autour de sa te-
ste, le laisse aller uers ce loup. Le caillou furieuse-
ment bruyant arriua droict ou il estoit enuoyé. &
peult estre que Mōtano outre la barre cōquise eust
emporté la secōde uictoire, mais ce loup estonné du
bruyt, se tirant en arriere, desplacea du lieu ou il
estoit, & laissa passer la pierre. Apres tira Froni-
mo: lequel cōbien qu'il adressast son coup iustemēt
a la teste, si n'eut il l'aduenture de la toucher, mais
en passant tout aupres attaignit l'arbre, dont il em-
porta une piece de l'escorce. Le loup fort estonné,
se print a demener et faire merueilleux bruyt: dōt
a Clonico sembla qu'il deuoit attēdre sa rasseurāce.
et puis si tost cōme il le ueit paysible, lascha la pier-
re: laquelle allāt droict uers ce loup, frappa la corde

qui le tenoit lyé a l'arbre, & fut occasion qu'il la
rompit pour le grãd effort dõt il usa se uoulãt de-
liurer. Tous les pasteurs estimãs qu'il l'eust frappé,
se prindrent a escrier. Mais la faulse beste se sentãt
detachée, soudainement se meit en fuytte. pour la-
quelle cause Parthenopeo qui ia tenoit la fonde em-
poinct, le uoyant trauerser pour se sauuer en un
boys sus main gauche, inuoquant en son ayde les
dieux des pasteurs, laissa uigoureusement aller la
pierre : & luy fut fortune si prospere, que le loup
(qui de toute sa force entẽdoit a courir) fut attainct
en la temple soubz l'oreille senestre, tellement que
sans tirer ne pied ne pate, tumba promptemẽt mort
en terre. dont les compaignons esbahyz de la mer-
ueille, tous a une uoix cryerent Parthenopeo uain-
queur. puis se tournans uers Opico (qui ia pleu-
roit de la nouuelle ioye) luy congratuloient faisant
une plaisante feste. mesmes Ergasto biẽ allegre s'en
alla deuers ce Parthenopeo, qu'il embrassa, le cou-
ronnant d'un beau chappellet de feuilles de Baches:
puis luy donna un cheureul nourry entre les trou-
peaux, acoustumé de iouer auec les chiens, & de
heurter contre les moutons, gracieux a merueilles
& agreable a tous les pasteurs. Clonico qui auoit
rompu le lyen du loup, eut le second pris, qui fut
une belle caige neufue faicte en facon d'une tour, et
dedans

dedans une ~~pyeracquetoire~~, apprise d'appeller & saluer les pasteurs par leurs noms, de si bonne grace, que qui ne l'eust ueue, mais seulemét ouy parler, eust fermement pensé entendre la parole d'un homme. Le troysiesme pris fut a Fronimo, lequel de sa pierre auoit touché l'arbre aupres de la teste du loup. Et fut une belle panetiere de fine laine, bigarée de diuerses couleurs. Apres eux touchoit a Montano d'auoir son pris, qui estoit le dernier. lors Ergasto ioyeusement & demy soubzryant luy deit: Ta fortune Montano eust ce iourd'huy esté trop grãde si pareil heur te fust aduenu en la fonde comme en la barre. & en ce disant osta de son col une belle musette de canne faicte seulemét a deux uoix, mais de singuliere armonie, et luy en feit un present: dõt ledict Montano la receuant en grand plaisir, le remercia de bien bon cueur. Ces pris ainsi distribuez, entre les mains d'Ergasto demouroit un beau bastõ de Poyrier sauuage, tout orné d'entailleures pleines de cire de diuerses couleurs, & garny par le bout d'enhault d'une corne de Buffle, tant noire & si luysante, que ueritablement uous eußiez dict que c'estoit uerre. De ce bastõ feit Ergasto present a Opico, disant: Vous aussi pere aurez souuenãce de Masfilia, & pour l'amour d'elle receurez ce petit present, pour lequel ne uous sera besoing lutter, courir,

M

ou faire autre preuue de uoſtre corps: car aſſez en a ce iourd'huy faict uoſtre Parthenopeo, lequel fut des premiers de la courſe, & ſans contradiction le premier de la fonde. Adõc Opico luy rendãt graces cõdignes, reſpondit en ceſte maniere: Mon filz, les priuileges de uieilleſſe ſõt ſi grãs, que ueuillõs nous ou nõ, il luy fault obeyr. O que tu m'euſſes au iour-d'huy bien ueu triũpher, ſi i'euſſe eſté de l'aage & de la force que i'eſtoye quand les pris furent mis au ſepulchre du grãd paſteur Panormitan, cõme tu as faict a preſent? Ie t'aſſeure qu'il n'y eut ny payſant ny eſtranger qui ſe peuſt comparer a moy: car a la lutte ie ſurmontay Chriſaldo filz de Tyrrheno, & a ſaulter aduanceay de beaucoup le renõmé Siluio. Pareillement a la courſe ie laiſſay derriere Idalogo & Ameto freres, leſquelz en prõptitude et uiſteſſe de iambes paſſoient tous les autres paſteurs. Mais a tirer de l'arc, ie fuz ſeulement uaincu par un pa-ſteur nõmé Thyrſi, a cauſe qu'il auoit un puiſſant arc garny par les boutz de corne de cheure, dõt il pouoit tirer en plus grande aſſeurãce que ie ne fai-ſoye du mien qui n'eſtoit q̃ d'If ſimplemẽt, et auoye peur de le rõpre. Voyla cõment il me gaigna. mais alors (mon filz) eſtoys ie bien congneu entre les ieunes hõmes: & maintenaut le temps uſe ſus moy de ſes raiſons. parquoy enfans a qui l'aage le per-

met,

met, exercitez uous desormais aux espreuues de ieunesse: car quād à moy, les ans & la nature m'assubgectissent a autres loix. Mais afin que ceste feste soit de toutes pars accomplie, toy mon filz, pren ta musette, & faiz que celle qui eut plaisir de t'auoir produict au monde, se resiouysse presentement de ton chanter, & du ciel ou elle est, en ioyeux uisage regarde & entende son sacrificateur celebrer sa memoire par les forestz. Ce que Opico disoit, sembla tant raisonnable a Ergasto, que sans luy faire autre responce, il print de la main de Montano la musette que peu auparauant luy auoit donnée, et l'ayāt sonnée bōne espace de tēps en piteuse maniere, uoyant que chascun l'attēdoit en grād silēce, nō sans aucūs souspirs getta hors ces paroles.

ERGASTO SEVL.

P uis qu'en ces boys il n'y a plus d'attente,
Q u'en chant ioyeux & stile doulx on chante,
R ecommencez O Muses uostre deuil:
Toy mont sacré tenebreux a mon œuil,
C reux de rochers obscurs & pleins d'esmoy,
V enez heurlant gemir auecques moy.
Hestres plaignez & uous Chesnes sauuages:
M ais en plaignant narrez en uoz langages
A ces cailloux nostre amere infortune.

M ij

Fleuues priuez de doulceur opportune,
L armoyez en ruysseletz & fontaines,
T arissez uous, mettant fin a uoz peines.
 Et toy qui uiz aux forestz inuisible
E cho, respons en uoix indiuisible,
A mes clameurs, puis aux arbres escry
T out le discours de ce douloureux cry.
 Gemissez en O-profondes uallées,
Q ui demeurez seules & desolées.
 Desormais soit ta robe (o terre) paincte
D e lyz obscurs, & uiolette en noir taincte:
C ar mort soudaine en fureur nous a pris
C elle qui doit auoir autant de pris
Q u'Egeria ou Manto la Thebaine:
D ont a present que ie suis en ma ueine
D e lamenter, & que tel est mon ueuil,
R ecommencez O Muses uostre deuil.
 Riuage uerd s'onques sans fiction
T u escoutas humaine affection,
I e te supply accompagne a cest heure
M a triste muse au subgect qu'elle pleure.
 Semblablement O herbes & fleurettes
Q ui sus estangz & sus riuieres estes
P ar aspre sort, uous qui auez esté
P rinces & Roys de haulte maiesté,
V enez prier auec moy dure mort

Qu'elle

Qu'elle ait pitié de mon crier si fort,
Et qu'elle fine a un coup mon tourment,
S' il se peult faire, & non point autrement.
 Hyacintho redouble ta querele
En regrettant la despouille tant belle:
Et puis escry sur tes feuilles iolyes
Noz deux douleurs, noz deux melancholies.
 Semblablement O riuage fertile,
Et toy campagne aux laboureurs utile
A Narcissus son deuil ramenteuez,
S' oncques receu mes prieres auez.
 Herbe ny fleur aux champz plus ne uerdoye,
Passeueloux ou Rose lon n'y uoye
Qui ait en soy uiue & gaye couleur,
Ains toute blesme en signe de douleur.
 Las qui pourroit plus d'esperance auoir
D' œuure louable entre les hommes ueoir,
Puis que iustice & foy sont au cerceuil?
Recommencez O Muses uostre deuil.
 Petis oyseaux amoureux ie uous prie
Ce temps pendant que ie souspire & crie,
Saillez dehors de uoz nidz tant aymez:
Et mesme toy de qui sont estimez
Les doulx accens O Philomele tendre,
Qui tous les ans te faiz au boys entendre:
Aussi Progne, si en changeant de forme

M iij

Tu ne perdeis le sens qui nous informe,
Et s'il est uray qu'encor en lamentant
De ton erreur te uoyses repentant,
Laissez uoz criz, ne parlez ny pensez
Aucunement a uoz malheurs passez
Iusques a ce qu'enroué deuiendray
De me complaindre, ou que ie m'en tiendray.
  L'espine (helas) se seiche apres l'Esté:
Mais quand ell'a quelque temps arresté
A recouurer seue pour sa croyssance,
Au mesme lieu retourne en son essence:
Et au rebours quand le Ciel nous deffaict,
Vent ny Soleil ou pluye rien ne faict
Pour ramener la terrienne escorce
En son printemps, & naturelle force:
Car ce Soleil qui soir & matin fuyt,
Emble noz iours, & noz uies poursuit:
Mais quand à luy, tousiours est coustumier
De se reduire en son estat premier.
  O qu'Orpheus le gentil amoureux
Auant son heure extreme fut heureux
De seurement en ces lieux deualler,
Ou chascun a tant de crainte d'aller,
Pour en tirer celle la qu'il auoit
Tant regrettée, & que morte scauoit?
  Il adoulcit Radamanthe, Megere,

Et le

Et le tyrant du regne ou lon s'ingere
A tous espritz faire un cruel accueil.
Recommencez O Muses uostre deuil.
 Donc, que ne puis ie (helas) qui m'en destourbe
Si piteux son faire sus ce boys courbe,
Que le ioyau tant cher que i'ay perdu,
Me soit par grace en presence rendu?
 Las si mes uers auſsi bien faictz ne sont
Que ceux d'Orphée, & telz accentz ne font,
Si me semble il que pitié les deust faire
Trouuer deuotz en la celeste sphere.
 Mais s'elle auoit comme une chose uaine
En tel horreur la poure uie humaine,
Que reuenir ne daignast, ie uouldroys
Trouuer le pas bouché quand reuiendrois.
 O fol desir, O mon estat peu ferme
Quand ie congnois que par herbes ny charme,
Coniurement, ou quelque autre secret,
Muable n'est des haultz dieux le decret.
 Bien me pourroit un songe resiouyr
En me faisant ses paroles ouyr
Par fantasie, ou ueoir sa face a l'œuil.
Recommencez O Muses uostre deuil.
 Mais restaurer ne peult ou rendre celle
Qui m'a laiſsé sans sa lumiere belle
Tont esblouy, ne le ciel deſsaisir

      M iiij

D' astre si noble, & de si grand plaisir.
  Doncques O noble & bien fortuné fleuue
C onuocque & faiz que promptement se treuue
E n ta sacrée & nette profondeur
C hascune Nymphe yssant de ta grandeur:
P uis renouuelle en hymnes & cantiques,
T es sainctes loix, tes coustumes antiques.
  Iadiz par tout ta trompe souueraine
F eit renommer la premiere Seraine:
E t cela fut le premier accident,
M ais c'est cy le second incident.
F aiz, s'il te plaist, que ceste cy recœuure
A utre trompette, & qui tellement œuure,
Q ue le beau nom qui de par soy resonne,
T ousiours s'entende, & de toute personne.
  D'aussi bon cueur de cela te supplye,
Q u'aux dieux ie faiz que par torrent de pluye
T on ioly cours ne regorge oultre bort.
V ueillez aussi prester quelque support
A u stile gros, si que pitié le rende
P lus receuable, & de grace plus grande.
  Ie ne pretens qu'on escriue en des liures
C es simples uers, mais que francz & deliures
E mmy ces boys uiuent, non autre part,
R empliz d'amour, & priuez de tout art,
  A celle fin que tous les pastoureaux

Qui cy

Qui cy uiendront sans moutons ou Toreaux,
Lisent a plein es tiges de ces Fages,
Les belles meurs, & les actes bien sages,
Puis que croyssans peu a peu d'heure en heure,
Entre ces montz la memoire en demeure
Tant que la terre herbettes produira,
Et que le Ciel estoilles conduyra.
  Lors oysillons, arbrisseaux, & fontaines,
Hommes & dieux de puissances haultaines,
Exaulcerout ce nom sainct & louable
En stile orné bien graue & delectable.
  Mais pour autant qu'il me conuient haulser
Aucunement uers la fin, & laisser
Le pastoral, promptes & sans orgueil
Recommencez O Muses uostre dueil.
  Plus ne me plaist le son obscur & bas:
Au clair & beau ueuil prendre mes esbas
Expressement a ce que l'ame pure
Du Ciel l'entende, & y mette sa cure.
  Iusques a moy ses rayons elle enuoye:
Benignement de secours me pouruoye,
Et ce pendant que parleray, souuent
Pour m'escouter descende comme uent.
  Mais si son estre est tel que l'exprimer
Ma uoix ne puisse, elle sans m'opprimer
A soy m'excuse, & monstre le chemin

De l'honorer en noble parchemin.
  Vn temps uiendra qu'en pris feront tenues
Mufes par tout, & les brouillars ou nues
Anichilez des yeux des bonnes gens
Qui fe rendront a bien ueoir diligens.
  Lors conuiendra que chafcun fe defcombre
De penfement terreftre obfcur & fombre,
Le cueur ayant de ferme efpoir muny
Pour eftre aux dieux perfaictement uny.
  En ce temps la i'eftime que mes uers
Seront iugez mal poliz, & diuers:
Mais ie m'attens qu'en ces foreftz eftranges
De paftoureaux auront quelques louenges.
  Ie penfe auſsi que plufieurs bons efpritz
Qui ne font or en uogue, ny en pris,
Verront leurs noms au milieu de ces prez
En belles fleurs defcritz & dyaprez.
  Fleuues de port, & fontaines duifantes,
Vndes menans comme Cryftal luifantes
Parmy les uaulx murmurant s'en yront
Ce que ie chante, & a tous le diront.
  Puis ces Lauriers que ie plante & dedie,
Leur refpondront en doulce melodie,
Sifflant au uent, mefmes le Cheurefeuil.
Or mettez fin Mufes a uoftre deuil.
  Bien heureux font pafteurs qui par bons zeles
A degré

A degré tel ont adressé leurs aelles;
C ar los futur les recompensera,
M ais nul ne peult dire quand ce sera.
   T oy doncques ame eternelle, entre toutes
B elle sans per, qui du hault ciel m'escoutes,
E n demonstrant qu'egal estre ie doy
A ton tropeau tant singulier en soy,
   I mpetre un don de ces beaux lauriers uerdz,
Q ue quand par mort seray mis a l'enuers,
D e leurs rameaux feuilluz & bien serrez
V euillent couurir noz corps cy enterrez:
E t qu'au doulx bruyt des cryſtallines eaux
L es oysillons chantent motetz nouueaux,
A celle fin que le lieu soit emply
D e toute grace, & plaisir accomply:
O u si tant peult se prolonger ma uie,
C omme i'en ay bon desir & enuie
P our t'honorer, & que de tel uouloir
D ieu ne me priue, ains le laisse ualoir:
I' espere bien que ce dur & long somme
Q ui tous humains auec le temps assomme,
N' aura pouoir sus ton renom tant beau
P our t'auoir close en si petit tumbeau,
A tout le moins si tant se peult promettre
D' authorité, la force de mon mettre.

La nouuelle armonie, les doulx accens, les piteuses paroles, & finablement la belle et magnanime promesse d'Ergasto, tenoient en admiration & come suspenduz, les courages des auditeurs, quand le soleil entre les sommitez des montaignes, abbaissant ses rayons deuers l'occident, nous feit congnoistre l'heure tardiue, et qu'il estoit temps de retourner a noz bestes. A l'occasion dequoy Opico nostre conducteur s'estant leué sur piedz, & d'un bon uisage tourné deuers Ergasto, luy deit: Tu as pour ce iourd'huy faict assez d'honneur a ta mere. Pour l'aduenir tu mettras peine d'accomplir en ferme et songneuse perseueräce la promesse en quoy par affectueuse uolunté t'es obligé a la fin de ta chanson. Cela dict, baisant la sepulture, & nous inuitant a faire le semblable, il se meit au retour. Puis tous les pasteurs prenäs congé l'un apres l'autre, se retireret chascun chez soy, reputans Maßilia bien heureuse entre les femmes, pour auoir laißé aux forestz un si beau gage de son corps. Mais quand la nuyt obscure, aiant pitié des labeurs mondains, fut uenue pour donner repos a toutes creatures, lon n'entendoit plus les forestz resonner, l'abbay des chiens, le cry d'autres bestes, ny gemissemet d'aucüs oyseaux. Les feuilles aussi ne branloient plus sus les arbres, & ne tiroit une seule allenée de uent, ains durant
ce silence

ce silence pouoit on seullement ueoir au ciel scintiller,ou cheoir quelques estoilles, quand me trouuant surpris de pesant somme,ie senty en ma fantasie diuerses douleurs & passions, ne scay si elles prouenoient des choses ueues le iour precedent, ou de quelque autre occasion secrette : car il me sembloit proprement que i'estoye banny des forestz, et de la compagnie des pasteurs,mesmes qu'en une solitude ie me trouuoye parmy des sepultures desertes,ou ne pouoye apperceuoir aucun homme de ma congnoissance. Parquoy uouloye crier de peur,mais la uoix me deffailloit.Et pour chose que ie m'efforceasse de fuyr,si ne pouoys ie faire un pas.Dont uaincu de foiblesse, maulgré moy me falloit demourer entre ces monumentz. D'aduantage m'estoit aduis qu'en escoutant une Seraine,laquelle se plaignoit amerement sus un rocher,une grande uague de mer m'enueloppoit,& donnoit tant de peine a respirer, que peu s'en falloit que ie ne mourusse. Puis me sembla ueoir un bel Orengier cultiué par moy songneusement, lequel estoit tout brisé depuis la racine en amont,ses feuilles,ses fleurs, & ses fruictz malheureusement dispersez sus la terre. lors demandant qui l'auoit ainsi acoustré, quelques Nymphes plorantes en ce lieu, me respondoient que les cruelles Parques a tout leurs coignees uiolétes l'auoient

en ce poinct detrenché. De laquelle chose me sentãt
greué oultre mesure, disoye sus le tronc tant aymé,
Ou me reposeray ie dõcques? Soubz quel umbrage
chãteray ie doresnauant mes uers? Et en un destour
m'estoit monstré un Cypres obscur et funebre, sans
faire autre responce a mes interrogations. Par-
quoy tant d'ennuy & d'angoisse me saisirent le
cueur, que ne pouant plus en supporter la uiolence,
force fut que mon somme se rompist. Et cõbien qu'il
me pleust singulieremẽt de ne trouuer la chose ain-
si, toutesfois la peur & souspecon m'en demou-
rerẽt tellemẽt enracinees en la fantasie, qu'oncques
ne me sceu rẽdormir, ains pour sentir moindre pei-
ne, fuz contrainct me leuer, & aller errant par les
campagnes, nonobstant qu'il fust encores bien loing
du iour. Ainsi cheminant pas a pas, sans sçauoir ou,
mais seulement cõme la fortune me guidoit, i'arri-
uay au pied d'une montagne d'ou sortoit un fleuue
impetueux, qui faisoit un murmure merueillesemẽt
espouentable, par especial en celle heure qu'autre
bruyt ne s'entendoit. Puis quãd i'eu esté sus son ri-
uage assez bõne espace de temps, l'aube se print a
rougir au Ciel, pour esueiller tous les mortelz uni-
uersellement, & les admonester de se remettre a
leurs negoces. Elle fut par moy humblemẽt adorée,
et requise que son plaisir fust prosperer ma uision.
mais

mais il sembla qu'elle ne daignast escouter mes paroles, & monstra n'en faire gueres d'estime. En ces entrefaictes du fleuue prochain se ueint(ne scay cõment) presenter deuãt moy une ieune damoiselle de singuliere beaulté, ueritablemẽt diuine en son port & cõtenãce, acoustrée d'un fin drap de si beau lustre, que si ie ne l'eusse ueu flexible, certainemẽt ie l'estimoye de crystal. ses cheueux estoient tressez d'une mode nouuelle a l'ẽtour de sa teste, & dessus portoit un chapellet de feuilles uerdes, tenãt en l'une de ses mains un uase de marbre blanc, singulier, et de riche ouurage. Ceste damoiselle s'adressant a moy, me deit: Suy moy, qui suis une des Nymphes de ce fleuue. Ce cõmandement et declaration meirent en mon cueur tãt de crainte et de reuerẽce, que sans replicquer un seul mot, ie me prins a la suyure, tant estonné en moymesme, que ie ne scauoye discerner si ie ueilloye ou dormoye encores. Puis quand elle y fut arriuée, ie uey soudainement les eaux se retirer d'une part & d'autre, afin de luy faire uoye par le milieu: ce qui estoit certainemẽt estrãge a ueoir, horrible a pẽser, monstrueux, et (peult estre) incredible a recorder. Ie faisoye difficulté d'aller apres: mais pour me dõner courage, gracieusemẽt me print par la main: et par sa doulceur debõnaire me tira dedãs ce fleuue: ou la suyuant sans mouiller mes piedz,

i'eſtoye tout eſbahy de me ueoir enuironné de ces eaux qui faiſoient deux rampars a l'entour de moy, comme euſſent faict deux combes de montaignes ſi i'euſſe cheminé parmy une eſtroicte uallée. Mais quand nous feuſmes peruenuz a la foſſe dont toute ceſte eau regorgeoit, & de ceſte la entrez en une autre, laquelle (a mon iugement) eſtoit uoultée de pôces pertuyſees, parmy leſquelles pēdoient aucuns lambeaux de Cryſtal congelé, & dōt les murailles eſtoient parées d'aucunes coquilles de mer, le pauement couuert de mouſſe, & de tous coſtez garny de beaux ſieges, principalement enuiron les colonnes de uerre tranſparent, qui ſouſtenoient le plancher aſſez bas : nous y trouuaſmes des Nymphes ſeurs de ma guide, dont les aucunes ſaſſoient de l'or en des cribles delyez, & le ſeparoient des arenes ſubtiles. Puis les autres apres l'auoir filé, le mettoient en belles bobynes, & le meſlant parmy des ſoyes de diuerſes couleurs, en ourdiſſoient une tapiſſerie d'excellent et ſumptueux ouurage. Toutesfois pour l'hiſtoire qu'elle contenoit, ie conclu que ce m'eſtoit un preſage de malheur & larmes futures: car a mon arriuee ie trouuay de fortune qu'en leurs broderies elles eſtoient ſus le piteux accident d'Eurydicé l'infortunée, meſmes cōme eſtant poincte au talon par le uenimeux Aſpic, elle fut con-
traincte

traincte à rendre l'ame, & comment pour recou-
urer sa uie, son mary langoureux descendit aux En-
fers : puis par son oubliance la reperdit la seconde
fois. O dieu, uoyant cela qui me ramenteuoit mon
songe, quelles angoisses & tourmens senty ie lors
en mon courage? Le cueur (certainemēt) me iugeoit
quelque chose qui n'estoit point bonne, car malgré
que i'en eusse, tousiours trouuois mes yeux mouillez
de larmes, qui me faisoit interpreter toutes choses
en mauuaise part. Mais la Nymphe qui me guidoit,
ayāt (peult estre) pitié de moy, me feit passer oultre
en un lieu beaucoup plus spacieux, ou se pouoient
ueoir diuerses fosses, lacz, et sources rēdās les eaux
d'ou procedent les fleuues courās sus la terre. O mer-
ueilleux & inestimable artifice du dieu souuerain,
la masse que ie estimoye solide, cōtenir en son uētre
tāt de cōcauitez? Cela me feit perdre tout l'esbahis-
sement que i'auoye eu iusques a lors, ascauoir cōme *les fleuues*
il estoit possible que les riuieres eussēt telle abōdā- *perpetuels.*
ce pour maintenir leur cours a perpetuité par une
liqueur infaillible. Ainsi passant auec ma Nymphe
tout estōné et estourdy du tumulte des eaux, i'alloye
regardant entour moy, non sans frayeur & grande
crainte: dōt elle s'apperceuāt me deit, Laisse laisse tes
fantasies, et chasse toute souspecon hors de toy : car
tu ne faiz maintenant ce uoyage sans la disposition

des dieux. Toutesfois ce pēdant il me plaist que tu uoyes de quelles sources partent les fleuues dont tu as tāt de fois ouy parler. Cestuy la qui court si loing d'icy, est le froid Tanais. Cest autre le grād Danube. Cestuy cy Meander le fameux: & cestuy la Peneus l'antique. Veoy Caister, regarde Achelous, et le biēheureux Eurotas, auquel tant de fois fut loisible d'ouyr les chansons d'Apollo. Et pource que ie scay que tu desires grandement ueoir ceulx de ton pays (lesquelz te sont parauāture plus prochains que tu n'estimes.) Saches que celuy auquel tous les autres font tant d'honneur, est le triūphant Tibre, qui n'est (comme les autres) couronné de saules ou roseaux, mais de beaux lauriers uerdoyans, a cause des cōtinuelles uictoires de ses filz les Romains. Les autres deux qui en sont le plus pres, se nomment Liris & Vulturne, lesquelz heureusemēt trauersēt le royaume de tes anciēs predecesseurs. Ces paroles esmeurent en mō courage un si merueilleux desir, que ne pouāt plus garder le silēce, me pris a luy dire ainsi: O ma loyale guide, ô tresnoble & uertueuse Nymphe, Si mon petit Sebetho peult auoir quelque nom entre tant et de si grans fleuues, ie te supply que tu me le ueuilles mōstrer. Tu le uerras bien (deit elle) quand tu en seras plus prochain : car a cause de sa bassesse il ne seroit maintenant possible. et uoulant
dire

dire quelque autre chose, elle se reteint. Mais durāt ces propoz nous ne cessasmes oncques de cheminer, ains continuant nostre voyage allions atrauers ce grand creux, lequel aucunesfois se restrecissoit en passages fort serrez, & d'autres se dilatoit en planures longues & larges, où se trouuoient montaignes & uallées aussi bien comme sus la terre. Adonc ma Nymphe me redeit: Serois tu point bien esbahy si ie t'asseuroye maintenāt que la mer passe sus ta teste, & que l'amoureux Alpheus, sans se mesler auecques elle, s'en ua par cy faire l'amour a dame Arethusa la belle Siciliēne? Disant cela, nous cōmenceasmes a descouurir de loing, un feu grād et espouëtable, auec une merueilleuse puāteur de soufre: dōt elle uoyant que ie m'estōnoye, me deit: La punition des Geans qui furent fouldroyez en assaillant le Ciel, est occasion de cecy: car estās opprimez des montaignes intolerables, ilz respirent encores le feu celeste dont leurs corps furent consumez, & de la uient que cōme aux autres regions les cauernes sōt abōdātes d'eaux liquides, tout ainsi en celles de ce pays ardent incessamment flambes uiues, & grās orages. Parquoy, n'estoit le doute que i'aurois de te ueoir prendre trop d'espouentemēt, ie te mōstreroye en passant le superbe Enceladus estēdu soubz la grande Trinacrie, uomissant feu et flābe par les

N ij

creuasses de Mongibel: ou est aussi la fournaise de
Vulcan, en laquelle trois Cyclopes nudz battent
sus leurs enclumes les fouldres du dieu Iupiter. Puis
soubz la fameuse Enaria (que uous mortelz appel-
lez Ischia) te feroye ueoir le furieux Typhœus, du-
quel uoz baingz de Baie & les montaignes sul-
phurees tirent la chaleur. Pareillement soubz le
grand Vesenus te feroye ouyr les mugissemens
espouëtables du geant Alcyoneus. toutesfois ie pense
que tu les entendras assez quand nous serons plus
pres de ton Sebetho. Et un temps fut que tous les
circunuoysins les ouyrēt trop a leur excessiue perte
et dommage: car il couurit entierement le pays, de
cendres & flammeches, dont encores rendent tes-
moignage les rochers fonduz & brouyz. Mais
qui pourroit croire que dessoubz feussent enter-
rées quelques nations & uilles bien renommées?
Ce nonobstant il est ainsi: & non seulement celles
qui furent couuertes des Ponces ardentes, & de la
ruine du mont, ains ceste cy que nous uoyons pre-
sentement, laquelle souloit estre de grande renom-
mée en tous pays. C'est la belle Pompeia, qui fut ar-
rousée des undes du froid Sarno, & par un trem-
blement soudain fut engloutie de la terre, deffail-
lant (ce croy ie) soubz ses piedz, le fondement sus
quoy elle estoit posée: qui fut certes une estrange et
horrible

horrible espece de mort,consideré que tant d'ames
uiuantes se ueirent en un instant oster du nombre
des uiuans.Toutesfois(commēt qu'il en soit)il fault
uenir a une fin,qui est la mort, & ne peult on pas-
ser plus oultre. Durant ces paroles nous estions tāt
approchez de celle cité,qu'encores en pouions ueoir
presque tous entiers les Pallais, les Theatres,et les
Temples. Ie m'esmerueilloye fort cōment se pouoit
faire qu'en si petite espace de temps nous eussions
peu uenir d'Arcadie iusques la. Mais facilement se
pouoit congnoistre que nous estions poulsez d'une
puissance plus que naturelle. Adonc peu a peu com
mēceasmes a ueoir les petites undes de mō Sebetho.
De quoy la Nymphe uoyant que ie me resiouissoye,
getta un grād souspir,& se retournāt deuers moy
toute piteuse me ua dire:Tu peux maintenant aller
seul.puis incōtinēt disparut:dōt me trouuay en celle
solitude tant triste & surpris de frayeur, que me
uoyant destitué de guide, a peine eusse ie eu le cou-
rage de faire un pas,n'eust esté que i'apperceuoye le
petit fleuue tāt aymé,duquel m'estant approché al-
loye (desireux a merueilles) cherchant a l'œil, si ie
pourroie trouuer la source d'ou ceste eau procedoit:
car il sembloit que de pas en pas sō cours s'augmē-
tast,& tousiours allast acquerant force et uigueur.
Ainsi suyuant cōtremont son canal,i'allay tant d'une

part & d'autre, que finablemēt arriuay a une fosse cauée dedās le ferme Tuf, et la trouuay le dieu uenerable assis a terre, appuyé de son costé gauche sur un uase espāchant de l'eau, qu'il faisoit beaucoup plus ample par celle qui continuellement plouuoit de sō uisage, de ses cheueux, et de sa barbe humide. Ses uestemens sembloiēt de limon uerd. il auoit en sa main droicte un roseau, & sus sa teste une courōne faicte de ioncz & autres herbes prouenues de ses mesmes eaux. Autour de luy gisoient en terre (sans aucū ordre ou dignité) toutes ses Nymphes, qui faisoient en pleurant un murmure inaccoustumé, & n'osoient seulement leuer leurs uisages. Voyant cela pensez qu'un triste spectacle se presenta deuant mes yeux: et lors cōmēceay a congnoistre pourquoy ma guide m'auoit abādōné deuant le tēps. Mais me trouuant reduict a ceste extremité, & n'ayant aucune fiance de pouoir tourner en arriere, sans prendre autre cōseil, dolent & plein de souspecon, auāt tout œuure m'enclinay a baiser la terre, et puis proferay ces paroles: O fleuue liquide, O roy de mon pays, O gracieux & amyable Sebetho, qui de tes eaux fraiches & claires enroses ma noble contrée, dieu te ueuille exalter a iamais. Et uous Nymphes (tresdigne geniture d'un tāt louable et puissant pere) dieu uous accroisse pareillement. Ie uous supply
soyez

soyez fauorables a ceste miéne arriuée,et me rece-
uez benignemét en uoz forestz. Soit maintenāt la
fortune cōtéte de m'auoir promené p̄ tant de diuers
accidétz,et desormais ou recōciliée,ou assouuye de
mes trauaulx,laisse ses armes offensiues.Ie n'auoye
encores faict cōclusion a mes paroles,quād deux de
ceste troupe se leuerēt,et uindrēt a moy toutes esplo
rées:puis me meirent au milieu d'elles:et l'une plus
asseurée que l'autre,leuant sa ueue me print par la
main pour me cōduire a la bouche de ceste cauerne,
ou la petite eau se diuise en deux pars,dōt l'une sen
court a trauers les campagnes, & l'autre par une
uoye secrette se tire aux cōmoditez & decoratiōs
de la uille.Ceste Nymphe estant arrestée me mōstra
le chemin,& feit entendre que deslors estoit l'yssue
en mō arbitre.D'aduātage pour me declarer qui el-
les estoiēt,me deit:Ceste cy qu'il sēble que tu ne re-
congnoisses,par estre maintenāt obfusqué de uapo-
reuse et noire bruyne,est celle qui baigne le nid tāt
aymé de ta singuliere Phenix,& dont tu as tāt de
fois par tes larmes faict eleuer la liqueur iusques
aux bordz.et moy q̄ parle a toy,suis celle qui resi-
de au pēdant de la mōtagne,ou elle repose:et la me
trouueras tu bien tost.La prolation de ceste derniere
parole,sa trāsmutatiō en eau,et sa fluxion p̄ la uoye
secrette, furēt tout une mesme chose: dont ie te iure

N iiij

(lecteur) par la diuinité qui m'a iusques à present ottroyé la grace d'escrire, ou iamais ne se puisse mō œuure rēdre immortel, q̃ ie me trouuay en ce poinct tāt desireux de mourir, que ie me feusse cōtenté de toute horrible espece de mort: et deuenu hayneux a moymesme, ie maudissoye incessāmēt l'heure q̃ m'estoye party d'Arcadie. Ce nōobstant aucunesfois entroye en esperāce que tout ce q̃ s'offroit a ma ueue & a mon ouye, n'estoit que fantosme & illusion, mesmemēt pource que ne scauoye estimer cōbien de tēps i'auoye demouré soubz la terre. Par ainsi entre ameres pēsées, grieues douleurs, et cōfusiō, lassé, debile, et ia hors de moymesme, i'arriuay a la fontaine qui m'auoit esté nōmée: et aussi tost qu'elle me sētit approcher, se print a bouillōner et gargouiller plus fort que de coustume: cōme si elle eust uoulu dire, ie suis celle que tu as n'agueres ueue. A l'occasion de quoy me tournāt sus main droicte, ie recongneu la mōtagne grādemēt renōmée pour l'excellēce de la haulte loge que lō y ueoit, portāt le nom du grand pasteur d'Afrique, gouuerneur de tāt de troupeaux, lequel en son uiuant, ainsi qu'un secōd Amphion, au son de sa gēte musette edifia les murailles eternelles de la cité diuine. Et uoulāt passer oultre, ie trouuay d'aduenture au pied de la montée qui n'estoit gueres haulte, Barcinio & Sūmontio, pasteurs bien
cōgneuz

cōgneuz en noz foreſtz: leſquelz auec leurs troupeaux ſ'eſtoiët mis au Soleil, a cauſe qu'il faiſoit uët: & par ce que ie pouoye cōprendre a leurs geſtes, ilz ſ'appareilloient a chāter. Quoy uoyant (encores que i'euſſe les oreilles toutes pleines des chanſons d'Arcadie) ſi uoulu ie bien entendre celles de mon pays, pour iuger de combien elles en approchoient: & ne me ſembla deſraiſonnable faire là quelque ſeiour, mettant ceſte petite eſpace auec tant d'autre temps par moy ſi treſmal employé. parquoy m'aſſiz ſus l'herbe, non gueres loing d'eux. a quoy faire me donna courage, la meſcongnoiſſance que ie les ueoye auoir de moy, pour le deſguiſemēt de mō habit, et la douleur ſuperflue, qui m'auoient en peu d'eſpace tout deſfaict et trāsfiguré. Mais a ceſt heure que leurs chanſons me reuiennent en memoire, & pareillement les accens dōt ilz deplorerent les calamitez de Meliſeo, il me plaiſt bien de les auoir attentiuement eſcoutées, non que ie les ueuille conferer a celles de la Grece, ny que ie pretéde les mettre en ce reng, mais pour me congratuler de noſtre Horizon, qui n'a uoulu du tout laiſſer ſes foreſtz uuydes & deſpourueues, ains en tous aages leur a faict produire des paſteurs exquiz, & en attraire des autres d'eſtranges contrées, par gracieux accueuil, & benignité maternelle. Qui m'induict a croire que les seraines y ont ueritablement autresfois habité, & par la doulceur de leur chant detenu ceux qui paſſoiēt en leurs marches. Toutesfois pour retourner a noz paſteurs, apres que Barcinio eut par bonne eſpace de temps aſſez ſœfuement ſonné ſa muſette, ayant le uiſage tourné deuers ſon compagnon, lequel aſſis ſus une pierre ſemblablement ſe monſtroit bien deliberé de luy reſpondre, il ſe preint a dire ainſi:

BARCINIO, SVMMONTIO ET MELISEO.

Barcinio.

Meliſeo chanta de ſens raſſis
E n ce lieu propre ou tu me uoys aſſis,
P uis engraua de ſa docte main dextre
C ontre l'eſcorce & tige de ce Heſtre
C es motz, Chetif ie uey Philis au poinct
Q u'elle mouroit, & ne me tuay point:

Summontio.

C' eſt grand pitié. Mais quel dieu conſentit
Q u'un mal ſi grief le poure homme ſentiſt?
Q ue n'eſtoit il auant priué de uie,
P uis qu'il auoit de mourir bonne enuie?

Barci-

Barcinio.

C' est le motif qui cholerer me faict
C ontre le ciel trop superbe en effect,
E t que mes sens en sont enuenimez,
C omme un Dragon ou Vipere animez,
M esme pensant a ce que tel ouurier
A uoit escrit dessus un Geneurier
D isant, Philis en mourant tu me donnes
C ruelle mort, ueu que tu m'abandonnes.
O douleur grieue, & a qui de raison
N ulle ne peult auoir comparaison.

Summontio.

P ar ton moyen uouldrois cest arbre ueoir
P our lamenter dessoubz a mon pouoir:
C ar il pourroit (peult estre) m'inciter
A mes douleurs & peines reciter.

Barcinio.

M ille en y a que uerras en la plaine
Q uand te plaira, elle en est toute pleine.
V a uisiter ce Nefflier en ce ual,
M ais doulcement, que tu n'y faces mal.

Summontio lisant.

H elas Philis tu ne faiz ores plus
D e ton chef d'or les cheueux crespeluz,
N y de ta main le couronnes de fleurs,
A ins le destruis, le lauant de mes pleurs.

L'ARCADIE

Barcinio.

T ourne tes yeux a ce couldre & regarde,
C es motz y sont (si tu y prens bien garde)
H elas Philis deuant moy ne t'en fuy,
A ttens un peu, uoyant que ie te suy,
O u bien rauy mon cueur tout d'une uoye:
C ar seul icy ne scauroit auoir ioye.

Summontio.

I e ne scaurois te racompter combien
L' ouyr me faict de plaisir & de bien.
O r cherche donc au long de ce russeau
S' il y a plus de pareil arbrisseau.
C e nonobstant i'ay haste & grand besoing
D' un mien negoce aller faire un peu loing.

Barcinio.

D essus ce Pin un tableau a posé
Q u'il a luy mesme escript & composé.
S i ueoir le ueulx, allons pres de ces saules,
E t monte lors dessus mes deux espaules.
M ais pour a l'aise & plus tost y saillir,
D eschausse toy premier, pour n'y faillir.
P uis boute bas ta grosse pannetiere,
M anteau, houllette, & ta despouille entiere.
L ors a un sault empongne, si tu peux,
V n bout de branche, & grimpe amont les neux.

Summontio.

L on le ueoit bien de ce lieu franchement,
S ans qu'arbre aucun y face empefchement.
    Philis,ce Pin ie te facre en ce parc
O u Diana te cede trouffe & arc.
C' eſt l'autel ſainct qu'en ton los edifie,
C' eſt le grand temple ou ie te deifie:
E t le ſepulchre ou par mon deuil amer
I e te ueuil faire a iamais renommer,
E t ou ſouuent entre douleurs & ioyes
D e fraiches fleurs te feray des montioyes.
    Mais ſi le ciel (qui me ſemble obſtiné)
T' a lieu plus noble en ſoy predeſtiné,
N e ueuilles ia pourtant mettre en deſpris
C es petiz uers qu'en ta louenge eſcris,
A ins les uien ueoir,laiſſant par fois les cieulx
P our conuerſer auec nous en ces lieux.
E t ſus,ce Pin de raboteuſe eſcorce
T u trouueras eſcrit a fine force,
A R B R E ie ſuis dedié a Philis,
E ncline toy paſteur qui cecy lis.
    Barcinio.
Q ue dirois tu de ce que quand il eut
S on flageolet getté ſi loing qu'il peut,
E t pris le fer aigu pour ſ'en frapper,
L es chalumeaux ſe prindrent a piper
P hilis,Philis, non en ſon triſte ou cas,

L'ARCADIE

Qui a l'ouyr fut un estrange cas.
Summontio.
A ce son la fut point Philis esmue
De retourner? car tout le sang me mue
De la pitié qui penetre en mes os,
Oyant de toy si douloureux propos.
Barcinio.
Cesse un petit ce pendant que i'espreuue
S'il sera point possible que ie treuue
Ses autres uers, dont (certes) bonnement
Ne me souuient que du commencement.
Summontio.
Par les discours que tu as recitez,
Tous mes espritz se sont tant concitez,
Que rasseurer encores ne les sçay.
Ce nonobstant pren cueur, & faiz essay:
Car aux premiers, puis que tu t'en recorde,
Facilement tout le reste s'accorde.
Barcinio recite aucuns uers de Meliseo.
Que feras tu poure homme? quelle ruse
Te subuiendra, puis que mort te refuse,
Et que Philis te plonge en aspre deuil,
Ne te faisant doux regard de son œuil?
Chascun de uous o pasteurs me dedie
Vers plus piteux que triste tragedie.
Et qui seroit de ce faire en esmoy,

A tout le moins lamente quant & moy.
　Par ces clameurs chascun m'incite à plaindre,
Communiquant son ennuy sans le faindre,
Combien qu'assez m'en semont iour & nuyct
Mon propre mal, qui tant me greue & nuyt.
　Mon malheur est si monstrueuse chose,
Et procedant de si amere cause,
Que de mes uers Grenadiers ay chargez,
Dont en Sorbiers se sont uiste changez.
Et s'il aduient que ie m'essaye ou tente
De les couper pour en cueuillir une ente,
Vn ius en sort de tant palle couleur,
Que lon uoit bien leur seue estre douleur.
　Quand mon Soleil dont par si longue espace
Esloigné suis, nous priua de sa face,
Le rouge tainct des Roses empira,
Et leur nayue odeur en expira,
Aussi toute herbe & fleur pour celle année
S'en demonstra languissante & fenée.
　Poyssons en l'eau de leur nature agiles,
Alloyent flottant malades & debiles:
Puis par les boys se trainoyent animaux
Hectiques, las, & faschez de mes maulx.
　Deuers moy donc Veseuo se transporte
Pour me narrer les peines qu'il supporte:
Lors ie uerray si sa uigne lambrusque,

Et si son fruict est deuenu plus brusque.
Puis me dira comment en ses deux testes
Sourdent tousiours orages & tempestes.
  Mais ie ne scay quel cueur pourroit ozer
Mergilina gentille t'exposer
Que tes Lauriers exterminez & mors
Sont dispersez tout au long de tes bors.
  Las qui te faict Antiniana haulte
Degenerer, & faire telle faulte,
Que tu produys en lieu de Myrtes gentz,
Buissons poinctuz, horreur a toutes gens?
  Dy moy Niside, ainsi iamais ne sente
Ton bord herbu la mer sus toy passante,
Ny battement de cheuaux y uenir,
Ne t'ay ie ueu, peu de temps a, tenir
Herbes & fleurs, auec connilz & lieures,
Vaches, brebiz, & grans troupeaux de cheures?
Et maintenant ie te uoy plus deserte
Qu'autre qui soit. est ce point pour ma perte?
  Las pour quoy sont tes tailliz & destours
Abandonnez? mesmes les chauldes tours
Ou Cupido ses flesches aceroit,
Froides si fort que lon y glaceroit?
  O Sebetho, ie te prie combien
De peuples grans seront reduictz en rien,
Auant que ueoir puisses ta uerde plaine

De beaux

D e beaux poupliers & d'Ormes auſſi pleine?
　Iadiz (helas) Eridano le grand
T e reueroit: & le Tibre qui prend
D e la cité de Rome ſon renom,
S e ſouloit bien encliner a ton nom.
E t maintenant a peine en toy ſont ſeures
N ymphes qui font en tes eaux leurs demeures,
C ar morte eſt celle, & ne peult reſpirer,
Q ui ſe ſouloit en tes undes mirer,
P lus eſtimant y ueoir ſa belle face,
Q u'en autre exquiſe & reluiſante glace:
C e qui a faict ton renom penetrer
I uſques aux cieulx, & de faict y entrer.
　Or paſſeront maintz ſiecles & ſaiſons,
E t les outilz des ruſtiques maiſons
S e changeront auant (ie te promectz)
Q u'un ſi clair uiz ſe mire en toy iamais.
　Malheureux donc, pourquoy ne uomiz tu
T oute l'humeur dont tu es reueſtu,
S oudain fondant en abyſme terreſtre
Q uand Naples n'eſt ce qu'elle ſouloit eſtre?
　O mon pays, ne t'auoys ie predict
C eſt accident malheureux & maudict,
L e iour qu'eſtant allegre comme un ange,
E n mes eſcriz te fey tant de louenge?
　Sache Vulturne, & le beau Silara

L'ARCADIE

Qu'au iourd'huy fin ma triste muse aura,
Et ne pourray iamais de bien iouyr,
Qui tant soit peu me puisse resiouyr.
  Ie ne uerray de ma uie, ays ou roche
En aucun boys, tant soit loingtain ou proche,
Que le beau nom de Philis n'y entaille,
Et comme amour pour elle me detaille,
A celle fin que tous les pastoureaux
Qui la paistront leurs moutons & Toreaux,
Ou y feront leurs habitations,
En gettent pleurs & lamentations.
Puis s'il aduient qu'aucun y besche ou marre
En quelque endroit, oyant ce que ie narre,
Finablement en demeure estonné,
Marry, dolent, de ioye abandonné.
  Or conuient'il qu'a uous aye recours,
Lieux ou mon cueur a faict tant de discours,
Puis qu'autre part ne treuue ou me cacher
Pour de mes criz le monde ne fascher.
  O Cume, O Baie, O baingz tiedes & bons
Iamais n'orray celebrer uoz beaux noms,
Que mon las cueur n'en tremble, & puis tressue
Pour la douleur en cest instant conceue:
Car puis que mort qui Philis a surprise,
Veult que ma uie a present ie desprise,
I'iray faschant de mes plainctz odieux

Ciel, terre,

Ciel,terre,mer,les hommes & les dieux,
Ainsi que faict la uache par les boys
Son ueau querant en lamentable uoix.
 Ie ne uerray iamais Lucrin,Auerne,
Ou Tritola creusée en la cauerne,
Qu'en souspirant ne coure a la uallée,
Qui de mon songe est encor appellée.
Parauanture y formerent leur trasse
Les piedz mignons marchans sus la terrasse,
Lors que Philis a mon cry s'arresta,
Et audience honneste me presta.
 Peult estre y sont les fleurs en leur essence,
Qui feirent lors signe d'esiouyssance:
Dequoy mon sens plus graue deuiendra
Quand du beau songe il luy resouuiendra.
 Mais dictes moy O montaignes ardantes,
Noire uapeur incessamment gardantes,
La ou Vulcan au fons d'un hydeux gouffre
Faict bouillonner la miniere de soulphre,
Pourray ie bien sur uous getter mon œuil
Sans lermoyer,& plaindre de grand deuil?
 Non,pour autant que i'y pense auoir ueu,
Si ie ne suis de bon sens despourueu,
Ma dame assise au bord de la soulphriere,
Ou s'engloutit ceste eau hydeuse & fiere
Remplissant l'air d'une odeur si mauuaise,

O ij

Que i'auoys peur qu'elle y fust a malaise:
Et toutesfois il sembloit qu'en soulas
Party ce bruyt escoutast mes helas.
 O poure amant, O iours uains & peu fermes
Muez de ioye en douleurs & en lermes
Ou ie l'aimay uiuante en esperant,
Morte qu'ell'est, ie la uoys souspirant,
Et par les lieux ou ie la uey hanter,
Tourne souuent mes tristes uers chanter.
 En mon esprit tout le iour la contemple,
Et puis de nuyt a gorge ouuerte & ample
Crie Philis, tant (ie l'estime ainsi)
Qu'elle reuient aucunesfois icy:
Au moins en songe elle monstre le dard
Dont me nauray moymesme en son regard.
Puis m'est aduis qu'elle me ua disant,
Vocy le seul remede a toy duisant.
Dont ce pendant hors ma poytrine boute
Si chaultz souspirs de ma puissance toute,
Que quand un fier Aspic les entendroit,
Legerement piteux en deuiendroit.
Il n'y eut onc en toute Arimaspie
Gryfon tant fier, ne si cruelle Harpye
Que s'ilz uenoient son partement a ueoir,
Vn cueur d'acier ne uoulsissent auoir.
 Lors me tournant sus le coste senestre
       Mon clair

Mon clair Solel ie uoy a la feneſtre,
Auquel ne crains dire a bon eſcient
Ces motz ſentant leur homme impatient:
　　Comme un Toreau de cornes deſarmé
Se treuue mat parmy le boys ramé,
Ou comme un Orme effeuillé ſemble indigne
S'il n'eſt paré des feuilles de la vigne,
Tel ſuis ſans toy, uoire plus mal empoinct
Chere Philis: mais il ne t'en chault point.
　　　　Summontio.
Se peuuent las en un cueur engrauer
Telles fureurs tant aptes a greuer,
Pour choſe humaine? & le ſens eſtre attainct
D'un feu duquel l'aliment eſt eſtainct?
Quel animal, quelle roche immobile
Ne fremiroit oyant la uoix debile
Du poure amant?
　　　　Barcinio.
　　　　　O ſi tu entendois
Sonner ſa harpe, & reſpondre a ſes doys,
Tu iugerois que le ciel cryſtallin
Se deſſiraſt comme toile de lin,
Et de pitié fondrois ſoubz les accors,
Amour tirant les boyaux de ton corps:
Car ce pendant qu'elle dict & redict
Philis, ce mot, comme ie t'ay predict,

　　　　　　　　　　O iij

R esonne en l'air par si grand melodie,
Q u'il n'en est point de telle, quoy qu'on dye.
Summontio.
O r me dy donc, en ce mal qu'il supporte,
V eit il iamais ouurir la dure porte
D e la prison des rigoreuses dames
Q ui l'ont enclose auec les autres ames?
Barcinio.
O Atropos (crioyt le poure amant)
O Lachesis, & Clotho, las comment
N e faictes uous a ma Philis pardon?
O ttroyez moy pour un extreme don
Q ue mon esprit de ce corps ie deliure
P our auec elle eternellement uiure.
Summontio.
P uis qu'ainsi ua que le ciel est si fier,
Q u'il ne se ueult en rien pacifier,
M eurent troupeaux par imprecations,
S i qu'aux forestz y ait uacations.
F euille en rameau, ny herbe en terre aussi,
N e repullule apres ce mal icy.
Barcinio.
Q uand il aduient qu'auec son Allouette
I l se lamente en uoix basse & flouette,
E t qu'elle rend responce a son parler,
L on pourroit ueoir en la terre & en l'air

Autour

DE SANNAZAR. 108

A utour de luy Cygnes & Chahuans,
L es uns chanter,& les autres huans:
P uis quand ce uient deuers le poinct du iour,
L e poure amant crie sans nul seiour,
S oleil ingrat,qui te faict reuenir,
Q uand ta clairte ne me peult subuenir?
 Retournes tu afin que de rechef
P army ces prez bestail paisse en meschef?
O u pour me faire incessamment (o roux)
E ncontre toy prendre picque & courroux?
 Si tu le faiz afin que ta uenue
C hasse de moy l'humide & noire nue,
S aches que point ne ueuil (par tous les dieux)
Q ue ta lueur enlumine mes yeux,
Q ui sont ia duictz a tenebres & lermes:
N y que tes rays uagabondz & peu fermes
S eichent le pleur qu'amour m'a concité
P our mettre hors ma grande cecité.
 En toutes pars ou la ueue ie rouille,
I ncontinent le ciel se charge & brouille
P ar mon Soleil estant occasion
Q ue tousiours soye en trouble uision.
 Au temps passé quand i'estois sans encombre,
I e resemblois au beuf rongeant a l'umbre:
M ais maintenant aller me laisse (helas)
C omme la vigne estant sans eschalas,

O iiij

Parfois pleurant & parlant a moymesme,
Me dict ma harpe en sa querele extreme,
Meliseo de douleur tresorier
Plus ne me fais couronner de Laurier.

Souuent auolle un Bruyant ou un Merle
Au Rossignol que i'ay, de tous la perle,
Quand il s'escrie, O Myrtes sans esmoy
Contristez uous desormais auec moy.

Pareillement cracque sus une roche
Le Corbeau uil, & digne de reproche,
Dont m'est aduis que deussent abysmer
Ischia, Capre, & Procide, en la mer,
Atheneus & Misenus aussi,
Pour n'auoir plus de chagrin & soucy.

Apres se monstre a moy la Tourterelle
Qu'en ton giron nouriz, O pastourelle,
Sus un sec Aulne & de mousse couuert,
Car se poser ne uouldroit sus un uerd:
Et dict, O beufz, les montaignes se pellent:
Neiges & uentz l'yuer hideux appellent:
Soubz quel umbrage (helas) pour n'empirer
Se pourra lon desormais retirer?

Mais qui pourroit escoutant ces propos
Rire, ou auoir en son ame repos?
Certainement les Toreaux, ce me semble,
En mugissant me crient tous ensemble

Par tes

Par tes souspirs tant & tant redoublez,
C'est toy qui as les elemens troublez.
  Summontio.
Cause ont les gens de se mettre en deuoir
Pour Melisee homme tant rare ueoir,
Puis que ces uers en qui pitié ne fault,
Dans les rochers nourissent amour chault.
  Barcinio.
Combien de fois, O Fage qui nous coeuures,
T'a il semblé qu'en recitant ses œuures,
Les gros souspirs qui partoient de sa gorge,
Eussent souffletz d'une fournaise ou forge?
  Meliseo iour & nuyt ie te sens,
Et en mon cueur s'impriment tes accens
Si bien que quand tu ne dys mot, par ire,
Ie compren bien ce que tu uouldrois dire.
  Summontio.
Si tu me ueulx (amy) faire plaisir,
Escry ces uers quand tu auras loisir
Dessus les troncz des arbres d'icy pres,
A fin que quand aucun par cy apres
Les y lira, en soymesme il estime
Qu'entr'eulx ilz uont murmurant ceste ryme,
Faiz que du uent le soufflement leur uaille,
Faiz que les motz & nombres qu'il leur baille,
S'espandent, si que Resine & Portiques

L'ARCADIE

S ouuentesfois les sonnent en cantiques.
Barcinio.
S us son espaule un uerd Laurier portoit,
Q uand ce propos de sa bouche sortoit,
C œuure ô Laurier ce tombeau sans encombres,
P endant que seme icy Mente & Concombres.
 Le Ciel ne ueult Deesse en bonne foy,
Q u'encor si tost ie me taise de toy,
A ins de mon cueur ne te laisse partir
P our plus d'honneur te faire departir.
D ont si ie uy, saches que par mes uers
Q ui ne sont point trop rudes & diuers,
E ntre pasteurs aura ta sepulture
P lus de renom que par belle sculpture:
C ar des Tuscans & Ligustiques montz
V iendront pasteurs de uolunté semons
C 'est angle ueoir, tant yuer comme Esté,
P ource (sans plus) que tu y as esté:
E t puis liront sus la carrée lame
C est epitaphe a toy propice ô dame,
L equel me faict le cueur au corps trembler,
E t, peu s'en fault, par douleur estrangler.
 CELLE qui fut tant dure en son uiuant,
A Melisee en amours la suyuant,
G ist desormais soubz ceste pierre froide
H umble, benigne, & morte toute royde.

sum-

Summontio.
Barcinio si tu ueulx presumer
De trop souuent ces propoz resumer
Army ces boys, longuement ne tardra
Qu'un tien souspir embrasé les ardra.
Barcinio.
De mon couteau par tout ie les engraue,
Voulant que soit leur renommée braue,
Mesmes expres a ces fins les espars
En tous pays loingtains, de toutes pars,
Dont ie feray que le Tesin & Adde
Sentant d'amours Meliseo malade,
Le chanteront, & se feront ouyr,
Si que Philis s'en deura coniouyr,
Aussi le faiz afin qu'en ioyeux crix
Pasteurs de Mince honnorans ses escrix,
Vn beau Laurier pour memoire luy plantent,
Combien qu'encor de Tityre se uentent.
Summontio.
Meliseo deuoit tousiours durer
Auec Philis sans telz maulx endurer:
Mais qui pourroit immuer le decret
Que les dieux ont conclu en leur secret?
Barcinio.
Souuent souloit l'appeller en ces bois,
En gectant crix & lamentables uoix.

Mais maintenant le poure corps mortel
Est sus ce tertre au deuant d'un autel,
Ou luy faisant d'encens pur sacrifice
Tousiours l'adore en un sainct edifice.
Summontio.
Helas amy gette la ton manteau
Sus l'herbe tendre aupres de ce rasteau,
Et puis t'en ua l'appeller a grand erre
Sus ceste mote en sa loge de terre,
Peult estre dieu la grace te fera,
Que de presence il nous satisfera.
Ie t'en requier d'aussi parfaict courage
Qu'au ciel ie faiz que gresle ny orage
De ta maison ne ruynent le feste,
Et ou paistras, cheoir ne puisse tempeste.
Barcinio.
S'encor tu ueulx que ie le contreface,
Plus en diray: mais le ueoir face a face
Pour escouter ses propoz & deuis,
Est malaisé plus qu'il ne t'est aduis.
Summontio.
Sa uiue uoix me plairoit fort entendre
Pour en mon cueur que la pitié faict fendre,
Ses actions noter de poinct en poinct.
Si ie dy mal, ne me l'impute point.
Barcinio.

DE SANNAZAR.

O r montons donc uers celle saincte tour,
C ar de ce tertre & du clos tout autour
I l est le seul hermite & laboureur,
E t n'y ueult point auoir de procureur.
M ais prie au uent qu'il ne te soit contraire.
S oubz ces fruytiers nous conuiendra retraire
S i nous auons temps assez d'y monter,
E t lors pitié te pourra surmonter.

Summontio.

I e te faiz ueu solennel ô Fortune
S i maintenant nous ueulx estre opportune,
Q ue tu auras de mon troupeau ioly,
V n aigneau blanc le plus gras & poly.
P uis toy Tempeste un aussi noir que meure,
M ais que le Ciel en cest estat demeure.
  Ciel eternel ne permetz que ie fine
A uant ouyr ceste musette fine,
C ar ia pensant son organe escouter,
I l m'est aduis que ie me sens bouter
V eines & nerfz hors la chair amortie,
T ant de pitié mon ame est assortie.

Barcinio.

A llons amy, que les dieux nous conduisent
A bon chemin, & grace nous produisent.
  N'entens tu point de sa muse le son,
L aquelle exprime une triste leçon

Arreste la, que les chiens ne le uoyent,
Et abbayant de l'ouyr nous desuoyent.

. Meliseo.

Philis ie garde en un petit cofin
Tes beaux cheueux iaunes comme l'or fin.
Quand ie les tourne, ou que ie les renuerse,
Vn dard poignant mon poure cueur trauerse.
Souuentesfois ie les lye & deslye,
Laissant mes yeux en grand melancholie
Plouuoir dessus: puis de souspirs ardans
Ie les essuye, & reserre dedans.
Ceste ryme est debile basse & uaine,
Comme qui sort d'une rustique ueine:
Mais si clameurs plus ameres que fiel
Peuuent trouuer aucun merite au Ciel,
La fermeté du zele qui me mord,
Deust a pitié mouuoir la dure mort.
Philis ie plains ton trop soudain trespas,
Larmes gettant que ie n'espargne pas
Pour de l'humeur reuerdir tout le monde
Hors moy, qui suis en noire chartre immunde.
O belle donc, pense au uiure passé,
Et comme auons nostre aage dispensé,
A tout le moins si amour ne se perd
Passant Lethes, qui tout oubly depart.

A la Musette.

Icy finent tes entreprises ô rustique & sauuage Musette, indigne pour ta basse resonnance d'estre sonnée d'un pasteur plus expert, mais bien d'aucun mieulx fortuné que moy. Tu as esté peu de temps a ma bouche & a mes mains exercice assez agreable: et maintenāt puis que c'est le uouloir des dieux, tu leur imposeras auec long silence (parauanture) un repos eternel: car mauuaise fortune te faict separer de mes leures, auant que par doys experimentez, i'aye deuement & en bonne mesure sceu exprimer ton armonie, publiant ces notes (quelles qu'elles soient) plus conuenables a contēter simples brebiettes parmy les forestz, que peuples curieux dedans les bonnes uilles. Et fault que ie face comme celuy qui estāt offensé des pilleries faictes par nuyt en ses iardins, cueuille par despit de dessus les branches fertiles, les fruictz non encores paruenuz a suffisante maturité: ou comme le rude paysant, lequel deuant le temps se haste de prendre sur les arbres les oysillons sans plume auec les nidz ou ilz sont escloz, de crainte qu'ilz ne luy soient rauiz et ostez par les serpens ou pasteurs. A raison dequoy ie te prie, & tant que ie puis admoneste, que contente de ta rusticité, tu ueuilles demourer entre ces solitudes: car il ne t'appartient d'aller chercher les sumptueux pallais des princes, ne les superbes places des citez pour humer les applaudissemens, faueurs simulées ou gloires uenteuses qui sont uaines amorses, faulses attractions, sottes & manifestes flatteries du populaire mal fiable. Ton debile son ne se pourroit gueres bien entendre parmy celuy des buccines espouentables, ou royales trompettes: mais te pourra suffire d'estre enflée sus ces montagnes par les bouches de tous pastoureaux, enseignant les forestz retetissantes a resonner le nom de ta maistresse, et de plaindre amerement en toymesme le dur & inopine accident de sa mort trop hastiue, qui est occasion de mes larmes eterneles, & de la douloureuse et inconsolable uie que ie meine: si celuy se peult dire uiuant, qui est ensepuely dedãs le gouffre des miseres mõdaines. Lamente doncques malheureuse: car sans point de doubte tu en as bien grande raison. Contriste toy poure uefue desolée. Pleure infortunée musette, priuée de la plus chere chose que dieu t'eust prestée en ce monde. Ne cesse point de larmoyer, & te complaindre de tes cruelles aduantures, tant qu'il te demourra chalumeau entier en ces forestz: & faiz sortir de toy les accens qui serõt plus conformes a ton miserable estat. Puis s'il aduenoit quelquefois qu'aucun pasteur te uoulsist employer en choses ioyeuses, faiz luy premierement

mierement entendre que tu ne scais sinon gemir & lamenter, & apres par experience & ueritables effectz monstre luy qu'il est ainsi, en luy rendant continuellement un son piteux & lamentable : de sorte que luy craignant troubler sa feste, soit contrainct te esloigner de sa bouche, & te laisser en repos pendue a cest arbre, ou maintenant auec souspirs & merueilleuse abondance de larmes, ie te consacre en memoire de celle qui iusques a present a esté cause de mes ouurages: par le soudain trespas delaquelle la matiere est maintenãt du tout faillie a moy d'escrire, et a toy de sonner. Noz Muses sont estainctes, noz Lauriers dessechez, nostre Parnase est ruyné. Les forestz sont toutes muettes, les uallées & les montagnes sont par douleur deuenues sourdes. Il ne se treuue plus Nymphes ny Satyres emmy les boys. Les pasteurs ont perdu le chanter. A peine peuuent les troupeaux pasturer dedans les praries, & de leurs piedz fangeux troublent par despit les claires fontaines. Mesme se uoyans tarir le laict, ne daignent plus substanter leurs faons. Semblablement les bestes sauuages abandonnent leurs cauernes. Les oyseaux fuyent leurs nidz. Les arbres durs & insensibles gettent leurs fruitz par terre auant qu'ilz soient meurs: et les tendres fleurettes toutes desolées se flestrissét. Les poures mousches à miel dedans leurs ruches laissent perir le miel imperfaict. Toute chose tumbe en ruine, toute esperance est defaillie, toute consolation est morte. Desormais ne te reste ô ma Muse sinon te douloir iour & nuyt en perseuerance obstinée. Or te contriste doncques langoreuse, et te plains tant que tu pourras de la mort auare, du Ciel sourd, des cruelles Planettes, et de tes iniques destinées. Et si d'aduenture entre ces rameaux le uent te faisant branler, te donnoit quelque esprit, ce pendant qu'il durera ne faiz iamais autre chose que crier. Ne te soucie point si quelq'un (peult estre) accoustumé d'ouyr des accors plus exquis, d'un mauuais goust desprisoit ta bassesse, & t'appelloit lourde ou grossiere: car ueritablement (si tu y penses bien) c'est ta principale & propre louenge, pourueu que ne te bouges des forestz, & des lieux qui te sont conuenables. Ausquelz encores suis ie asseuré qu'il se trouuera des personnages qui par iugement subtil examinant tes paroles, diront que tu n'as en quelques endroitz bien obserué les loix de bergerie, et qu'il n'est licite a aucun de passer oultre ses limites. A ceulx la ie ueuil bien que (confessant liberalement ta faulte) tu respondes qu'on ne sçauroit trouuer laboureur tant expert a faire des sillons, qu'il se puisse tousiours promettre de les mener tous droictement

ment sans tordre d'une part ou d'autre. Cõbien que
ne te sera petite excuse d'auoir esté la premiere en
ce siecle qui auras esueillé les forestz endormies, et
monstré aux pasteurs a chanter les chansons desia
mises en oubliance, et de tant plus, que celuy qui te
composa de ces roseaux quand il fut en Arcadie, n'y
alla comme pastoureau champestre, ains en ieune
homme bien institué, descongneu & pelerin d'A-
mour. D'aduantage au temps passé s'est trouué des
pasteurs tãt hardiz qu'ilz ont osé pousser leur stile
iusques aux oreilles des Consules Romains : soubz
l'umbre desquelz toy petite musette pourras bien
te couurir, & defendre ta raison. Mais si de fortu-
ne il t'en uenoit un de plus gracieuse nature, lequel
t'escoutant en pitié, gettast hors quelque larme
amoureuse, presente soudainement a Dieu pour luy
tes prieres, a ce qu'il luy plaise le conseruer en sa fe-
licité, l'esloignant de noz miseres : car a la uerité
qui se sent des aduersitez d'aultruy, a souuenance
de soymesmes. Toutesfois ie croy que ceulx la se-
ront aussi rares, que corneilles blanches, pource que
la tourbe des detracteurs est beaucoup plus co-
pieuse. Et contre eulx ie ne puis penser quelles ar-
mes ie te pourroye donner, sinon te prier chere-
ment, que te rendant la plus humble qu'il te sera
possible, te disposes a soustenir en patiẽce leurs uio-

P ij

lentes morsures. Nonobstant ie pense estre asseuré que n'auras besoing de ce faire, si suyuant mon conseil, tu te ueulx tenir en ces boys secretement, & sans aucune pompe: Car qui ne saulte, n'a peur de tumber: & qui chet en la plaine (ce que n'aduient gueres) se relieue sans dõmage, seulement auec un peu de secours de ses propres mains. Parquoy tu peux tenir pour chose indubitable, que celuy peult uiure en plus grãd repos, qui est plus loingtain & retiré de la multitude confuse. Et entre les hommes se peult plus ueritablement estimer bien heureux celuy qui sans enuie des grandesses d'aultruy, par modestie de courage se contente de sa fortune.

F I N.

EXPOSITION DE PLVSIEVRS motz contenuz en ce liure, dont l'intelligence n'est commune.

A.

Achelous est un fleuue sortant de la montagne Pindo qui est en Thessalie, il separe Acarnanie regiō d'Epire d'auec Aetolie: & meine ordinairement tāt de sable auec ses undes qu'il cōioinct l'isle d'Artemite a la terre ferme. Voyez le premier chapitre du quatriesme liure de Pline en sa naturele histoire.

Aconite est une herbe que les fables dyent auoir esté née de l'escume de Cerberus quād Hercules le tira des enfers. Sa descriptiō et sa proprieté se trouueront aux LXVI chap. du IIII liure de Dioscoride, & LVII. de son VI.

Acteon filz d'Aristeus & d'Antonoe fille de Cadmus, fut mué en Cerf par la deesse Diane, estāt offensee de ce qu'il l'auoit surprise nue se baignant en une fontaine auec ses Nymphes. La fable est au III de la Metamorphose d'Ouide.

Adde est une riuiere uenant d'aupres de Trente, aux cōfins des Venetiens. elle passe atrauers la uille de Verone, puis ua tumber en la mer Adriatique.

Admetus fut Roy des Phereiens peuple de Thessalie. Le dieu Apollo garda ses bestes sus le bord du

P iij

fleuue Amphrisus lors qu'il estoit banny du ciel a cause des Cyclopes qu'il auoit tuez. La fable en est au second de la Metamorphose.

Adonis filz de Cynara roy de Cypre & de sa fille Myrrha, fut pour sa beauté singulieremēt aymé de Venus: mais en sa grande ieunesse un porc senglier le tua. dont la Deesse dolente, pour allegeāce de sa tristesse le conuertit en une fleur nommée Anemoné, laquelle est descripte en Dioscoride au CLXVIII. chapitre de son second liure, & en Pline au XXIII. de son XXII. La fable se trouue au X. de la Metamorphose.

Androgeo signifie hōme terrestre. par luy Sannazar entēd son pere, dont il faict les funerailles.

Adro mis en ceste œuure pour un chien, signifie puissant & robuste.

Aetna est une mōtagne de Sicile, maintenant dicte Mongibel. elle souloit ardre iour et nuyt a cause des soulphrieres qui estoient en ses cauernes: et cela donna lieu a la fable disant que c'estoit la forge de Vulcan. Sa description est au III. liure de Pline au VIII. chapitre.

Aegeria fut une Nymphe auec laquelle les Romains estimoient que Numa Pompilius leur second Roy auoit quelque practique secrette, car ainsi le leur faisoit il entendre pour les tenir en obeissance.
Voyez

Voyez ladessus Cornelius Tacitus, ou si bon uous semble, Tite Liue.

Alphonse d'Aragon roy de Naples mourut lan mil CCCC.LVIII. le premier ou le XXVII. de Iuillet. Voyez la chronique de Naples.

Alpheus est un fleuue d'Elide cité d'Arcadie, qui apres auoir faict un long cours en Achaie, s'abysme en terre, & coule par dessoubz la mer tant qu'il uient resortir en Arethuse fontaine de Sicile. Qui faict aux Poetes faindre qu'Arethuse est une Nymphe a laquelle Alpheus ua faire l'amour p̃ une uoye soubz terraine. La fable en est au V. de la Meta.

Amarantha signifie non pourrissante, & se dict propremēt de la fleur q̃ nous appellōs Passeueloux.

Ambrosie est une herbe comme un petit fruytier. La description est en Dioscoride au CLX. chapitre du III. liure.

Ameto est un pasteur introduict par Iehan Bocace en sa Comedie des Nymphes Florentines.

Amphion filz de Iupiter & d'Antiope fut Musicien tant exquis, que les pierres suyuoient le son de sa musette, et par ce moyen ediffia les murailles de Thebes en Grece. Puis espousa Niobe, dont il eut sept filz & sept filles. Voyez qu'en dict Ouide au VI. de la Metamorphose.

Amphrisus. Voyez Admetus.

P iiij

Antiniana est une montagne a deux mille de Naples, ou le poete Pontan auoit un uillage decoré d'une belle fontaine de semblable nom.

Antipodes sont ceulx qui habitent en la partie de la terre opposee a nous.

Apollo est le soleil: qui, selõ Macrobe en ses Saturnales, a tant de proprietez que lon luy peult attribuer tous les noms des autres dieux. Voyez Platon en son dialogue de Cratylus, ou de la droicte raison des noms.

Arcadie est une partie d'Achaie ainsi nommée de Arcas filz de Iupiter & de Calisto. Voyez le VI. chapitre du IIII. liure de Pline.

Arcturus est la queue de l'Ourse maieur, qui sans cesse tournoye a l'entour du Pole, pour ueoir sa naissance & decadence. lisez le XI. chapitre du second de Pline.

Argus filz d'Aristor fut un pasteur qui eut cent yeux, parquoy Iuno luy bailla charge de Io que Iupiter auoit transformée en uache blanche. Toutesfois Mercure par son doulx parler endormit tous les cent yeux de cest Argus, et luy couppa la teste. Puis ramena la uache a Iupiter. Lors Iuno mua son pasteur en Paon, et luy meit les yeux a la queue. Cela est amplement deduict au premier de la Metamor.

Arimaspie est une region de Scythie, dont les habitans

bitans n'ont qu'un œuil au front. Voyez Pline en son
VI. liure au XVII. chapitre, & au II. du VII.

Aspic est un serpent de couleur enfumé, noir, ou
cendré, qui a les yeux aux temples & nō au front
comme les autres. sa blessure est subitement mor-
telle, si lon n'y mect sus l'heure aucun des remedes
communs en tous pays chaultz. Il n'est surmonté de
creature que de la femme, laquelle de son seul re-
gard ou attouchement le faict mourir. Lisez le
XXIII. du VIII. liure de Pline.

Asterion est un uer rayé de blanc, donc Pline
en son XXIX. liure au IIII. chapitre dict que la
picquure est tāt douloureuse, que celuy qui l'a souf-
ferte, ne se peult (par grande foyblesse) tenir de
ployer les iarretz. de ce uer Sannazar a nommé
l'un de ses chiens.

Ausonie antiquement estoit ce que nous disons a
cest heure le royaume de Naples, qui auoit ce nom
d'un filz d'Vlysses regnant en celle partie.

Auerne & Lucrin sont deux lacz pres du port
de la uille de Baie. Voyez Blondus en sa description
de Campagne.

Aurōne est une herbe dōt la descriptiō se treuue
au XXV. chap. du III. liure de Dioscoride.

Aurore est la splendeur qui precede la uenue du
soleil, dechassant la nuyt, & ramenant le iour. Au-

cuns poetes la dyent fille de Tithon & de la terre. les autres maintiennent qu'elle est sa femme, et mere des uentz.

B.

Baccar ou baccaris, que ie nomme bache, est une herbe que les antiques estimoient de si merueilleuse efficace, que lon ne pouoit mesdire de la personne qui en auoit un chapeau sus la teste. Elle est inserée au XLII. chap. du III. liure de Dioscoride.

Bacchus fut filz de Iupiter & de Semele, dont les poetes dyent des choses singulieres. Il inuenta la facon de faire la biere, & l'usage du uin, parquoy fut faict dieu des biberons.

Baie est une uille du royaume de Naples, ainsi nommée de Baius l'un des filz d'Vlysses, lequel y fut enterré. Horace dict que de son temps elle florissoit en si grãdes beaulte & delices, qu'en ce mõde n'y auoit lieu plus recreatif. Pour scauoir sa situation, lisez Blondus en sa Campagne.

Barcinio signifie graue chanteur.

Basilic est un serpent qui n'excede une paulme en grandeur. il naist aux desers d'Afrique et en l'Ethiopie oriẽtale pres d'une fõtaine nõmée Noire, que plusieurs estimẽt la source du Nil. par ou il passe, son soufflement faict mourir arbres, herbes, hõmes, & tous animaux, mesmes faict esclater les roches

roches: toutesfois la Muſtelle ſe combat a luy, &
finablement le faict mourir. Voyez Pline au XXI.
chapitre de ſon VIII. liure.

Battus fut un paſteur que le dieu Mercure trãſ-
forma en roche gardãt forme humaine, pource que
contre ſa promeſſe il auoit enſeigné au dieu Apollo
le lieu ou Mercure auoit mis les uaches qu'il luy a-
uoit deſtournées. La fable en eſt au ſecond liure de
la Metamorphoſe.

Baulme eſt un petit arbre naiſſant en Iudée.
Voyez ſa deſcription en Dioſcoride au XVIII.
chapitre de ſon premier liure.

Bootes eſt une eſtoille du ciel prochaine du cha-
riot, que nous diſons la Pouſſiniere, autrement Se-
ptentriõ, a cauſe de ſept eſtoilles qui font ſa figure.
Aucuns nomment ce Bootes Arctophylax, c'eſt a di-
re Gardien de l'ourſe.

Bucolique ſignifie chãſon ou propos de bouuier.

C.

Cacus eſt interpreté mauuais, cauteleux, ou ĩgrat.

Caritheo c'eſt grace de dieu.

Caliſto fille de Lycaon Roy d'Arcadie fut par Iu-
piter transformée en Ourſe, puis finablement miſe
au ciel. La fable en eſt au ſecond de la Metamorph.

Capri eſt une iſle pres la uille de Sureté au roy-
aume de Naples. Ceſte iſle ſelon Pline au VI. cha-

pitre de son III. liure, a XL. mille de tour, qui sont uingt lieues francoises.

Caraciol estoit un gentil hōme Napolitain nommé Marin, de la parenté du prince de Melphe. Il se delectoit merueilleusemēt a la philosophie morale: & souuent en reduisoit de belles sentences en uers Latins ou Italiens.

Ceres fut fille de Saturne & de la deesse Opis. elle enseigna premierement aux Siciliens a labourer & semer les terres, puis leur donna des loix. Claudian fainct que Pluto rauit sa fille Proserpine.

Chardon a cent testes, est ce que les grecz nōmment Eryngion. Voyez le XX. chap. du XXII. liure de Pline, & le XXI. du III. de Dioscoride.

Charles troysiesme Roy de Naples mourut l'an M.CCC.LXXXVI. & Ladislao son successeur huyct ans apres. parquoy le royaume tūba en la main de Iehanne fille du dict Charles & de madame Marguerite seur d'une Royne Iehanne qui auoit esté pendue en Naples pour ses demerites. Le discours en est assez ample au V. liure de la chronique de Naples.

Chrysaldo signifie doré.

Caister est un fleuue d'Asie, lequel menant auec ses undes plusieurs riuieres et russeaux, passe atrauers le palus ou marescage dict Asie, qui a donné le
nom

nom a la plus gráde partie de la terre, puis s'en ua lauer la uille de Ephese, ou souloit estre le temple de Diane, l'un des sept miracles du monde: & de la se ua rendre en la mer.

Cyclopes, autrement Lestrygons, furent hommes habitans une partie de Sicile. Ion dict qu'ilz n'auoient qu'un œuil au millieu du front, côme les Arimaspiens, dont cy dessus est parlé. Ilz mengeoient chair humaine, & en l'isle de Crete maintenant dicte Candie, premierement inuenterent la maniere de faire le fer, & pource furent estimez ministres de Vulcan forgeron des dieux. Les plus renommez entr'eux furent Brontes, Steropes, & Pyragmon, dont la uie estoit tant bestiale, qu'ilz ne faisoient compte d'aucune loy ou religion: & de la uient le prouerbe que l'on dict a un homme mal uiuant, qu'il mene uie cyclopique.

Cygne fut un Roy des Liguriens maintenãt Geneuois. il fut trãsmué en oyseau de son nom en pleurant la mort de Phaethõ son amy. toutesfois Ouide au XII. de sa Meta. en dict une autre trãsmutatiõ.

Cyparissus filz de Telephus souerainemët aymé d'Apollo, auoit entre ses delices un Cerf priué, que par mesgarde il tua d'un coup de traict: dont il eut telle douleur qu'il mourut en pleurãt: et Apollo le côuertit en Cypres. Ce nonobstant il est côsacré a Pluto roy de mort et des umbres, pource qu'il distille côtinuellement. Voyez sa description en Pline au XXXIII. chapitre de son XVI. liure, & en Dioscoride au LXXXVI. chapitre du premier liure.

Circe fut fille du Soleil & de la Nymphe Persa. elle se tenoit pres de Gaiete au royaume de Naples: & la exerceant l'art de sortileges & enchantemens, conuertit les compagnons d'Vlysses en porceaux et autres bestes. Voyez le XIIII. de la Meta.

Clymene fut fille de l'ocean & de Thetis femme de Merops, toutesfois elle côceut d'Apollo Phaethon, et ses deux seurs Phaethusa et Iampithia, qui moururent de tristesse uoyant leur frere fouldroyé: puis furent transformées eu Poupliers, dont Sannazar dict que Hercules se souloit couronner. mais ie treuue au dernier chapitre du XVI. liure de Pline, que Hercules premierement se couronna d'Oliuier sauuage. Bien est uray qu'il dict au premier du XII que le Pouplier est consacré a cest Hercules.

Clonico signifie aucunesfois le bout d'une branche, autresfois la branche toute entiere, ou sublimité & haultesse.

Crocus fut un ieune homme aymé oultre mesure d'une belle fille nômée Smilax: mais l'amour ne succedât selon leurs desirs, lâguissans furent muez en fleurs, ascauoir Crocus en Safran, & Smilax en
Gensemis

Gésemis. Voyez le IIII. liure de la Metamorphose pour la transformation: & pour la description & proprietez, les XXV. chapitre du premier liure de Dioscoride, & XXVIII. du IIII.

Cuma est une uille du royaume de Naples, ou souloit resider la Sibylle Cumane, qui cõduysit Aeneas aux enfers, tesmoing Virgile au VI. de son Aeneide. La situation et singularitez de celle uille, uous seront dictes par Blondus en sa Campagne.

D.

Dametas, Corydon, Daphnis, Mopsus, Menalcas, Damon, Alexis, Alphesibeus, Melibeus, & Meris, sont tous noms de pasteurs introduictz par Virgile en ses Bucoliques.

De la transformation d'homme en loup, uoyez qu'en dict Pline au XXII. chap. de son VIII. liure.

Danube est un grand fleuue qui passe entre Germanie, Hongrie & Scythie. il entre par sept bouches en la mer, comme faict le Nil. Les antiques le nommoyent Ister, & encores a present les Poetes usent de ce nom.

Delia est la Lune, ainsi dicte a cause de l'isle de Delos ou principalement elle estoit adorée.

Daphne fut une Nymphe de Thessalie, fille du fleuue Peneus, laquelle fuyant les amours d'Apollo fut cõuertie en Laurier. Voyez le I. de la Metam.

Diane fut fille de Iupiter & de Latona. les antiques l'ont ennoblie de perpetuelle uirginite, et faicte deeſſe de la chaſſe, luy attribuant arc, fléches & carquoys, auec un chariot tiré par quatre cerfz blancz, enuironné d'une grande cõpagnie de Nymphes pareillement uierges, & adonnées a l'exercice de la chaſſe.

E.

Echo eſt une reuerberation de uoix ou de ſon qui ſe faict entre les uallées ſus les eaux, ou en lieux uoultez. La fable d'elle & de Narciſſus eſt deduicte au III. de la Metamorphoſe.

Eglogue eſt la chanſon ou propos d'un gardeur de cheures.

Elencho eſt mis en ceſte œuure pour quelque Sophiſte ou calumniateur.

Elpino ſignifie eſperant.

Enareto eſtoit quelque homme docte de l'iſle de Enaria, maintenant Iſchia, pres de Naples, ſ'eſtant retiré a l'eſtude de la philoſophie naturele.

Encens eſt une petite plãte de l'Arabie heureuſe, deſcripte au I. liure de Dioſcoride au LXX. chap.

Endymion fut un paſteur tant beau que la Lune en deuint amoureuſe, tellement que pour le uiſiter ſouuenteſfois deſcẽdoit en la mõtaigne Latmos, & a la fin impetra de Iupiter ſon pere, l'accord ou ottroy d'un troy d'un don, tel que son amy uouldroit requerir. Lors ce pasteur se uoyant au chois, demāda le somme perpetuel sans uieillir ne mourir. & de la uient que lon dict a tout hōme qui dort trop, qu'il faict le somme d'Endymion.

Erebus selō les Poetes est le plus profond & obscur lieu de la terre, ou la profundité des enfers.

Ergasto signifie ouurier, & soubz ce nom Sannazar ueult entendre soymesme.

Eridan est un fleuue d'Italie, qui print ce nom de Phaethon, lequel y fut noyé. maintenant il se nōme le Pau. Pomponius Mela dict que sa source uient du mont Vesulus aux confins des Geneuoys, & aussi Pline le tesmoigne au X V I. chap. de son I I I. liure.

Espagne est bien fertile du long des costes de la marine: mais dedans le pays loing de la mer, elle est tourmentée de merueilleuse sterilité.

Eugenio signifie noble, ou de bonne nature.

Eumenides sont les furies infernales, qui sōt trois. La premiere Alecto, qui signifie tourment continuel par ire & appetit de uengeance. La seconde Tisiphone, interpretée meurdriere, pour couuoytise des biens d'autruy. et la tierce Megera, interpretée enuieuse du repos des hommes.

Eurotas est un fleuue de Lacedemone passant a trauers la uille de Sparte. il print ce nom d'un Eu-

Q

rotas filz de Mylet, qui par trenchées et foſſez feit eſcouler en la mer les eaux cropiſſantes, dont ceſte region eſtoit infeſtée tant de ſterilité q̃ de uermine.

F.

Faunus fut filz de Picus, & pere du Roy Latin, qui regna en Italie. Lon dict que ceſtuy la engendra en ſa féme Fauna, les Faunes, Satyres, Pãs, et Syluãs, que les poetes dyent eſtre dieux des ruſtiques, et les figurent cornuz, ayans les iambes comme cheures.

Fronimo ſignifie prudent, ingenieux & de bon conſeil.

G.

Gallicio me ſemble eſtre un diminutif de Gallicinio, qui ſignifie le chant du coq. Ou ſ'il ne l'eſt, ce poete ueult entédre quelque ſien familier Eſpagnol du pays de Gallice.

Geans ſont fainctz filz de la terre, ſans ſemence de pere. Les poetes faignent qu'ilz ſ'aſſemblerét en Phlegra uallée & foreſt de Theſſalie, & que la commencerent de mettre le mont Oſſa ſus Pelion, pour faire la guerre aux dieux, & les chaſſer du Ciel. Ceſte fable eſt bien deſcripte au premier liure de la Metamorphoſe.

H.

Harpyes furent filles de Neptune & de la terre, uolatiles, ayãs forme feminine iuſques à la moytié, la reſte la reste de serpent, & les griffes merueilleusement crochues. Elles se tenoient en Stymphale, qui est un lac d'Arcadie. leurs nõs furẽt Aello, Ocypete, Celeno, et Thyella, qui signifient Orgueuil, Auarice, Rapine, & Enuie.

Hecate est Proserpine aux enfers, Diane en la terre, & la Lune au Ciel.

Hesperie est le pays d'Italie, ainsi nommé de l'estoille occidentale dicte Hesperus ou Vesper.

Hetrurie selõ quelques uns est dicte quasi heteros horos, signifiãt autre limite, pource que les antiques Grecz qui habitoiẽt aux enuirõs de Rome, tenoient l'une des riues du Tibre, & les Romains l'autre.

Hyades furent filles d'Atlas et d'Aethra fille de l'ocean & de Tethis. Leurs noms sont Ambrosia, Eudora, Pasithea, Coronis, Plexaura, Pitho, & Tythe. Ce sont estoilles qui se uoyẽt en la teste du Toreau signe du Ciel. leur naissance qui est le XIX. d'Auril, menace la terre et la mer de grans orages.

Hyacinthe est une herbe que nous appellons Iacinthe, uaciet, ou oignon sauuage. elle croist emmy les boys, & fleurist au printemps. il en est de deux sortes, l'une qui a les fleurs rouges & merquees de certaines taches noires. En celle la dyent les poetes que fut transmué Aiax, apres qu'il se fut tué de rage d'auoir perdu les armes d'Achilles par l'es

Q ij

loquence d'Vlysses. L'autre a les fleurs uiolettes, et en ceste la fut conuerty un ieune enfant Lacedemonien que Apollo & Zephyrus aymerent. Les fables en sont escriptes, la premiere au XIII. et la secõde au X. de la Metamorphose.

Hyena est une beste d'Afrique dõt Pline au xxx. chapitre du VIII. liure, et VIII. de son XXVIII. se mocquant des Magiciens, dict qu'ilz en font des comptes merueilleux. et monstre bien par la, qu'il estoit homme de iugement singulier, & non pour succumber aux uaines persuasions de telz imposteurs.

I.

Idalogo peult estre interpreté, prenant garde à sa parole.

Iphis fut un petit cõpagnõ qui deuint amoureux d'une belle damoiselle nõmée Anaxarete, du noble sang de Teucer. Et uoyant le poure langoureux que sa dame ne faisoit estime de luy, par une impatience forcenée luy mesme se pendit a sa porte. Mais cõme on le portoit enterrer, Anaxarete uoulant ueoir la põpe funebre, fut p les dieux cõuertie en Marbre. La fable en est au XIIII. de la Metamorphose.

Iuno fut fille de Saturne, seur et femme de Iupiter, Deesse des seigneuries & richesses. Toutesfois elle ne pouoit conceuoir enfant de son mary : mais
unefois

unefois en mengeant une laictue sauuage, elle deuint grosse d'Hebe deesse de ieunesse. Puis eut Vulcan de Iupiter. les Paons luy sont consacrez, et portent son chariot en l'air.

Iupiter fut filz de Saturne & de Cybele, frere de Neptune, de Pluto, et de Iuno. Les poetes faignent qu'apres la mort du pere les freres feirēt leurs partages: dont le Ciel escheut a Iupiter, la mer a Neptune, les enfers a Pluto, & la region de l'air a Iuno. Ce Iupiter est tenu pour le souuerain des dieux: & luy sont attribuez les fouldres, qui estonnent tous les elemētz. Tertullian escript qu'il a biē esté trois cens hommes ennobliz de ce nom Iupiter, qui ont faict chascun en son endroit des choses memorables, & dignes d'eternité. Varro les nombre tous l'un apres l'autre: mais pour euiter cōfusion, toutes leurs louenges sont referées a ce seul filz de Saturne qui regna en Crete.

L.

La beste qui adore la Lune, puis se ua purger en une fontaine, est l'Elephant, de la nature duquel Pline en son huictiesme liure faict unze chapitres suyuans.

Laccinio fut un larrō qui faisoit des maux innumerables en toute l'Italie, mais principalement enuiron Naples et Sicile. Toutesfois a la fin Hercules en depescha le monde: puis le feit enterrer en l'isle Calypso, que Homere nōme Ogygie, laquelle est en la mer de Phenice, maintenant dicte Afrique, & plus communement Barbarie.

Lambrusque c'est uigne sauuage.

La Gaule Cisalpine aux Italiens est ce que nous disons Lombardie, qui a nous est transalpine. Voyez Cæsar en ses commentaires.

La Lune enchantée est ce que les Latins nommēt interlunium, & nous default de lune. pareillement quād quelque nue estant deuant sa face la faict apparoir rouge & espouëtable. puis aussi quand elle est eclipsee: car les antiques deuant que Thales Milesius & Sulpitius Gallus en eussent monstré la raison aux Grecz & aux Romains, estimoient que cela se faisoit par enchantement. Lisez le XII. chapitre du second liure de Pline.

La pierre qui se treuue dedans le gezier du coq blanc, se nomme Alectorie, & dict on que Milo de Crotonne la portoit ordinairemēt sus soy aux ieux Olympiques, parquoy tousiours en reuenoit uainqueur. Voyez Pline en son XXXVII. liure au X. chapitre.

La pierre qui a semblāce d'une langue humaine, et est propre aux ambassadeurs d'amourettes, Pline au chapitre cy dessus la nomme Glossopetra.

La pierre

La pierre qui rend les hommes inuifibles, fe nō-
me heliotropia : & qui uouldroit ueoir ces chofes
diffufement, ie luy confeilleroye lire le XXXVII.
dudict Pline entierement, & celuy des uanitez de
magique, qui eft le XXX. des fiens.

Le grād pafteur Panhormitan eftoit un poete fort
familier de Pontano, & dont il a faict mention en
plufieurs endroitz de fes œuures, mefmes apres fa
mort l'honora d'un epitaphe qui eft le IX. entre les
fiens.

Lentifque eft defcript amplement au LXXV. cha
pitre du premier liure de Diofcoride, mais auec ce
Cicero dict qu'il produict femēce trois fois l'annee,
pour monftrer aux ruftiques les trois faifons de la-
bourer: et Pline allegue fes uers au XXV. chapitre
de fon XVIII. liure.

Le pafteur d'Afrique lequel edifia les murailles
de la Cite de dieu, eft fainct Auguftin.

L'herbe que les abufeurs magiciens dyent auoir
uertu de tarir toute eau ou elle eft gectee, & d'ou-
urir toute ferrure de fon feul attouchement, eft de
Pline nōmée Aethiopis, mais il f'en mocque le plus
qu'il eft poßible, au quatriefme chapitre de fon
XX. liure.

L'herbe qui donne en tous pays abondance de
toutes chofes, Pline auſsi aux chapitre et liure pre-

cedens la nōme Latace : et n'en faict pas moins que de l'autre.

Les enchantemens & coniurations pour reſiſter aux tēpeſtes de la mer, tonnoirres, pluyes, greſles, et autres orages, ſe peuent trouuer dedans les liures de l'occulte philoſophie que maiſtre Henry Agrippa ſ'eſt a grād tort attribuez : car il ne les a faict que tranſcrire d'un liure qui eſt en la librairie du Pape. Mais quoy que ce ſoit, tout cela n'eſt que pure menſonge, & choſe inuētée pour abuſer ceux qui ſont de legiere creance.

Les mōtagnes Maſſiques ſont a l'entree de la cāpagne de Naples, ioignāt la bouche du fleuue Liris.

Les Muſes filles de Iupiter et de Mnemoſyne, c'eſt a dire memoire, ſont neuf en nombre. La premiere Clio, qui inuenta l'hiſtoire. La ſeconde Thalia, qui trouua la raiſon d'agriculture. La troiſieſme Euterpe, a laquelle ſont attribuées les mathematiques. La quatrieſme Terpſichore, qui premiere enſeigna de biē inſtituer les enfans. La V. Erato, inuētrice des pactions et ſermens ſolēnelz. La V I. Polyhymnia, qui mōſtra l'uſage de la harpe. La V I I. Melpomene, qui dōna cōmencement a la muſique. La V I I I. Vrania, qui apprint l'Aſtrologie aux hōmes : & la I X. Calliope, ſource des nōbres et meſures, et par cōſequēt de la poeſie. Voyez Virgile en ſes Opuſcules.

Lethes

Lethes est un fleuue d'Afrique enuiron l'extremité d'une des Syrtes. Les poetes le mettent entre les Enfers & les champs Elysiens, et dyent que les ames qui en boyuent, perdent incontinent la souuenance de toutes choses.

Le Toreau qui est au ciel second entre les signes du zodiaque, est celuy dont Iupiter print la forme quand il rauit Europa. Voyez la fable au second de la Metamorphose.

Leucadie est une poincte de terre de la region d'Epire, qui s'estend bien auant en la mer, & peu s'en fault qu'elle ne soit isle. Les antiques la nommoient Noritis.

Libye & Afrique c'est une mesme chose.

Libra est l'un des signes du zodiaque: & quād le Soleil y entre, qui est le XXII. de Septembre, il faict l'equinocce d'Autonne, c'est a dire les nuyctz aussi longues que les iours.

Linterno est le lieu ou Cn. Scipion l'African alla de soymesme uoluntairement en exil, quand aucuns enuieux le faisoient presser de rendre compte au Senat de Rome, du butin qu'il auoit faict en la conqueste d'Afrique: & en ce lieu il ordonna que lon escriueist sus sa tumbe apres sa mort: Pays ingrat tu n'auras ia mes os. Voyez Blondus en sa description de Campagne.

Liris est un fleuue de Naples maintenant nommé le Garillan. Sa source prouient des mõtagnes Apenines, qui durent depuis les Alpes de Boulongne iusques a la mer de Sicile.

Logisto signifie grand parleur.

Lucanie, maintenãt la Prusse, ou en lãgage corrõpu la Brusse, est un pays entre Apulie & la Calabre.

M.

Manto fut fille de Tiresias prophete de Thebes. Apres la mort de son pere, elle s'en ueint en Italie, et cõceut de Tiberius Roy des Tuscans un filz nommé Ocnus, qui depuis fut nommé Bianor. Cestuy la feit fermer de murailles une bourgade que sa mere auoit edifiée pour sa retraicte, et l'appella Mãtoue.

Marsias fut un Phrygien, c'est a dire Troyen, qui se uenta de sonner du hauboys aussi armonieusemẽt qu'Apollo feroit de la harpe: mais il fut uaincu: parquoy Apollo le feit escorcher tout uif, puis le corps fut mué en fleuue qui retiẽt encores son nom.

Massilia est mise en cest œuure pour la mere de Sannazar.

Melampo que Sannazar met pour le nom d'un chien, signifie pied noir.

Medée fut fille d'Aeetes Roy de Colchos, et de Hypsea sa femme. elle se trouua tãt exquise en sortileges et enchãtemẽs, q̃ les poetes en ont faict des fables

bles merueilleuses a racōpter, et beaucoup plus difficiles a croire, pricipalemēt Ouide au 7. de sa met.

Mercure filz de Iupiter & de Maia fille d'Atlas est par les poetes faict messager & interprete des dieux, & luy mesme dieu d'eloquence, des marchans, & des larrons. Ses ambassades secretes & larrecineuses finesses seroient trop lōgues a escrire.

Meliseus signifie menāt uie triste, & Sannazar soubz ce mot ueult entendre soymesme, car il deplore la mort de s'amye qu'il nomme Philis, en memoire de laquelle il a composé cest œuure.

Mergilina est un uillage sus le chemin de Naples a Poussol, que lon disoit antiquement Puteoli. En ce uillage est une fontaine de mesme nom, & la estoit la residēce de Sannazar: car Frederic Roy de Naples, luy en auoit donné la seigneurie.

Mince est un fleuue d'Italie qui sort du lac Benaco, & ua circuir la uille de Mantoue, puis se gette dedans le Pau.

Myrrhe est un petit arbre de l'Arabie heureuse, dōt Dioscoride au LXVII. chap. de son premier liure faict la description, & racōpte les proprietez.

Minerue nasquit du cerueau de Iupiter: & a sa naissance tumba de la pluye d'or sus la terre. ell'est aussi nōmée Pallas, deesse de prudēce. Entre autres choses, les poetes faignent qu'elle auoit un escu de Cryſtal, au milieu duquel eſtoit attachée la teſte de Meduſe Gorgone, dont les cheueux eſtoient ſerpens, & tous ceux qui uenoient a la ueoir, eſtoient ſoudainement transformez en pierres.

Miſenus eſt une montagne a cinq mille de Cuma, dont cy deſſus eſt parlé. Voyez qu'en dyent Virgile au ſixieſme de l'Aeneide, & Blondus en ſa Campagne.

Montano ſe met en ceſt œuure pour Virgile.

N.

Naccaires ſont petitz tabourins platz, a la moreſque, garniz tout autour de ſonettes ou pieces de cuyure pendantes a petitz filetz. Les nourriſſes en Eſpagne, Italie, Biſcaye, Gaſcongne, & Angleterre, en appaiſent encores a preſent leurs enfans quand ilz pleurent. D'autres dyent que ce ſont tabourins de cuyure poinctuz par bas, dont les Mores ſonnét a cheual quand ilz uont a la guerre.

Naples fut premierement conſtruicte par aucuns Grecz, qui pour chercher nouuelles habitations eſtoient ſortiz de Chalcide uille en l'iſle de Euboëe maintenant dicte Nigrepont. Ilz deſcendirét premierement aux extremitez d'Italie, & la fonderent Cuma, dõt eſt parlé cy deſſus. Puis long temps apres entrant plus auant en la terre, trouuerent la ſepulture de l'une des trois ſeraines nõmée Parthenopé nope, qui leur sembla bon augure: parquoy se disposerent d'y bastir quelques petites Cabanes, que tumultueusement ilz nommerent Paleopolis, c'est adire, vieille ville, & Neapolis ville neufue. Toutesfois en fin le nom de Paleopolis se perdit, & demoura celuy de Naples, & de Parthenopé, qui est souuent usité entre les Poetes.

Narcissus filz de Cephisus & de Liriope, fut transmué en une fleur que descript Dioscoride au CXLII. chapitre de son IIII. liure, & la fable de sa transmutatiõ est au III. de la Metamorphose.

Nepitelle est ce que nous appellõs Calament, Poliot sauuage, ou l'herbe au chat. Voyez le XXXIIII. chapitre du III. liure de Dioscoride.

Neptune filz de Saturne, frere de Iupiter & de Pluto, eut pour femme Amphitrite, en laquelle il engendra plusieurs Nymphes. Les poetes l'ont faict Roy de la mer, & luy ont donné pour sceptre un Trident, qui est une fourche a troys fourchons, denotant la triple proprieté de l'eau, asçauoir qu'elle est coulante, nauigable, & beuuable.

Niside est une petite isle pres de Naples.

Nymphe a beaucoup de significations, touteffois le plus souuẽt elles sont prises pour les vertuz infuses par les eaux a la terre, & a ceste cause sont fainctes nourrisses de Bacchus. Leurs epithetes sont

exposez par Sannazar en la narration de Carino:
parquoy n'est besoing de redicte.

O.

☩ Ocean est la grande mer, ainsi nommée par les Grecz, a cause de sa promptitude, car ocys en leur langue signifie prompt & soudain. Cest Ocean du coste de main gauche uers le Soleil couchant, bat la coste d'Europe, & a main droicte celle d'Afrique: puis toute son eau se reduict en un goulphe, qui est entre deux montagnes nommées l'une Abila, & l'autre Calpe, que lon dict les colonnes d'Hercules, ou les Gades, & noz mariniers l'appellent le destroict de Gibraltar.

Oyre est une peau de cheure ou lon tient l'huyle en France, & le uin en Espagne

Ophelia signifie aydant & profitable.

Opico peult estre pris en cest œuure pour quelque uieil gentil hōme Napolitain, de qui Sannazar estoit familier: car Eudoxus dict que antiquement habiterent au pays de Naples diuers peuples nommez Opiciens, Enotriens, Pelagiens, Ausoniens, Arunciens, Hetruriens & Osques, dōt ne reste seulement que les noms.

Orpheus fut filz d'Apollo & de Calliope. Les poetes le font prince de la muse lyrique, & dyent qu'il descendit aux enfers pour recouurer sa femme Eurydice

Eurydice. La fable en est au x. de la Metamorph.

Orion nasquit sans mere de la seule urine de Iupiter. Il deuint grād chasseur a merueilles, et tenoit ordinairement cōpagnie a Diane. mais a cause qu'il se uenta de pouoir faire mourir soubz ses dardz toutes bestes sauuages quād bon luy sembleroit, les dieux uoulans punir ceste arrogance, feirent sortir de terre un Scorpion, par leql il fut picqué au pied: dont se trouua nauré a mort: et lors Diane parfourneit de le tuer a coupz de fleches, uoulant uenger l'outrage qu'il luy auoit faict en la cuydant forcer. puis Iupiter le meit au ciel entre les estoilles. Il se monstre au cōmencement de l'yuer, et denōce tresmauuais tēps: parquoy les poetes le figurent horrible de face, & portāt un Bracquemart a son costé.

P.

Pales estoit deesse des pasteurs & pasturages. ses sacrifices estoient nommez palilées ou parilées.

Pan filz de Demogorgon, ou de Mercure selon plusieurs, resista lōguemēt a Cupido, qui luy faisoit si forte guerre, que finablement il fut uaincu par la beaulte de Syringa Nymphe Naiade, qui fut cōuertie en roseau sus le bord du fleuue Ladon en Arcadie. Voyez le premier de la Metamorphose.

Paris filz de Priam Roy de Troie, & sa Nymphe Oenone, sont tant renommez que ce seroit superfluite d'en escrire apres Ouide qui en a si bien parlé en ses epistres.

Parnasus est une montagne de Phocide cōsacrée aux dieux Apollo & Bacchus. Elle a deux testes que plusieurs estiment l'une Cytheron, & l'autre Helicō, mais a la uerite ilz sont deceuz, car ce sont deux montagnes a part. Les Poetes y frequentent, a cause du dieu Apollo, & en nomment les Muses Parnasides.

Parques, deesses fatales, ou destinées, selon plusieurs, sont filles de Demogorgō, mais Cicero les attribue a Erebus & la nuyt. Elles filent sus leur rouet les uies de tous animaux, & ne les peult on mouuoir par aucunes prieres pour en allonger une tant soit peu. Leurs noms sont Clotho, qui signifie euocatiō: & ceste la tient la conoille. La secōde Lachesis, interpretée sort ou fortune: laquelle tire le filet. & la tierce Atropos, exposée immuable: & ceste la tient un couteau pour le couper quand bon luy semble.

Parthenio est une montagne en Arcadie.

Pausilipus est une montagne aupres de Naples, delectable a merueilles, et signifie ostant tristesses: parquoy Sophocles dōne cest Epithete a Iupiter. En ceste mōtagne est la cauerne de cccccc. pas de long, atrauers de laquelle on passe pour aller a Poussol.
elle est

elle est toute chargée de bourgades & gros villages. Lisez Blondus en sa Campagne.

Perdris est un oyseau lascif, preuertissant nature. Les Poetes faignēt qu'un nommé Talus, neueu de Dedalus, fut transformé en ceste espece. La fable en est au VIII. de la Metamorphose.

Peneus est un fleuue de Thessalie, dont la source est entre les montz Olympus & Ossa. Voyez Pline au VIII. chapitre de son IIII. liure.

Petulco que Sannazar met pour un chien, signifie lascif.

Phenix est un oyseau descript par Pline au second chapitre de son X. liure, touteffois il en parle cōme d'une chose fabuleuse.

Phlegra, uoyez Geans.

Philis escript par i, & l simple, signifie amour, ou la chose aymée: mais par y & ll, c'est le nom de la fille de Lycurgus roy de Thrace, laquelle se pēdeit par impatiēce du retour de Demophoon son amy, & fut conuertie en Amendier. Lisez les epistres d'Ouide.

Phryxus & Helle furent filz & fille d'Athamantus Roy de Thebes, et de Neiphele sa premiere femme, lesquelz fuyans la malice de leur marastre Ino, monterent sus le mouton a la toyson d'or pour passer la mer qui est entre les palux Meotides

R

& l'isle de Tenedos en Phrygie, mais Helle y fut noyée, et encores en est ceste mer dicte Hellesponte. Au regard de Phryxus, il arriua en Colchos, puis sacrifia le mouton au dieux, qui le meirent au ciel (premier signe de tous ceux de zodiaque) & la toyson demoura pendue au temple. Voyez le VI. de la Metamorphose.

Pyramides sont grans monceaux de pierre, ou plutost roches artificielles massonnées en carré, touteffois allant tousiours en estrecissant iusques en hauteur admirable. Ce souloient estre sepultures de Roys, Roynes, & grans seigneurs, specialement du pays d'Aegypte. Leur nom uient de Pyr qui signifie feu. Les Latins les appellent Metes, & nous bornes, a cause que les pierres dont on faict les diuisions des champs, sont pour la pluspart de façon toute semblable.

Plane est un arbre sterile, dont Pline en son XII. liure au premier chapitre declare la forme, & a quoy il est bon.

Pleiades furent sept seurs, filles d'Atlas & de la Nymphe Pleione, dont elles retiennent le nom general, mais leurs particuliers sont Electra, Alcione, Celeno, Merope, Sterope, Taygeta, et Maia mere de Mercure. Iupiter les meit entre les estoilles, pource qu'elles auoient nourry Bacchus, et les colloca en

loca en la premiere partie du Toreau. Elles sõt des
Latins dictes Vergilies, pource qu'elles naissent au
printemps, qu'ilz dyent Ver. Il en est diuerses fables
escriptes en plusieurs endroictz de la Metamorph.

Põpeia fut une uille au royaume de Naples, edifiée
par Pompée le grãd, bien pres du mont Veseuus, &
enrosée du fleuue Sarno. Voyez le V. chap. du III.
liure de Pline, & Blondus en sa Campagne.

Portiques sont galleries ou saillies sus les eaux:
nous les appellons communement quays.

Priapus dieu des iardins, filz de Bacchus & de
Venus, souloit estre adoré en Lampsaco uille d'Hel-
lespont, ou il estoit courõné de fleurs, & luy sacri-
fioit on un Asne, pource qu'en un festin de Cybele
il trouua la Nymphe Lotide endormie, & la uou-
lut despuceller, mais l'asne de Silenus la resueilla,
parquoy la belle defendit sa uirginité, & feit que
tous les dieux se mocquerent de ce Priapus.

Procyda, antiquement appellée Pythecusa, est une
des sept isles Eolides situées entre Italie & Sicile.
leurs nõs sont Lipari, Hiera, Strongyle, Didyma, Eri-
cusa, Phenicusa, et Euonymos, dictes Eolides du nom
d'Eolus filz de Iupiter et Acesta, lequel premiere-
ment trouua la raison de congnoistre les uentz, &
predire leurs soufflemens, parquoy les Poetes l'en
constituent Roy.

R ij

Progne & Philomela furent filles de Pandion Roy d'Athenes. Ceste Progne fut femme de Tereus Roy de Thrace, qui forcea Philomela, puis luy couppa la langue, de peur qu'elle ne le decelast: dont sa femme offensée luy feit méger Ithis son filz: et come il la pourchassoit pour en faire la uengeãce, fut mué en Huppe, Progne en Arondelle, Philomela en Rossignol, & Ithis en un Faisant. Voyez le VI. de la Metamorphose.

Proteus fut filz de l'Ocean & de Tethis. les poetes le faignent prophete. Voyez qu'en dict Homere au quatriesme de son Odyßée, & Ouide au XIIII. de sa Metamorphose, Virgile au quatriesme des Georgiques.

R.

Radamanthus fut filz de Iupiter & d'Europa fille d'Agenor Roy des Pheniciés. le frere de ce Radamanthus estoit nommé Minos, qui regna en l'isle de Crete: & pour la grande iustice qu'ilz exercerent en leur uiuant, les poetes les ont ordonnez iuges des Enfers, mais ilz y ont adiousté un tiers dict Aeacus, semblablemét filz de Iupiter & d'Aegina.

Remus & Romulus furent enfans du dieu Mars, & de Ilia ou Rhea Syluia fille de Numitor Roy d'Albanie, que Amulius son frere dechassa du royaume. Ilz edifierét Rome: mais pource que Remus par *mus* par mespris saillit par dessus la merque des murailles de la uille, Romulus le feit tuer. Voyez Tite Liue en son premier liure.

Resina est un fleuue du royaume de Naples aupres de Peligne, que maintenant lon dict Palene. Voyez Blondus en sa Campagne.

S.

Salemandre est un petit serpent duquel Pline aux LXVI. chapitre de son X. liure, & IIII. de son XXIX. descript la forme & la nature.

Sarno est un fleuue du royaume de Naples passant aupres du mont Veseuus, que Blondus en sa Campagne dict estre maintenant appellé Sangri.

Scythie est le pays que nous disons Tartarie. Voyez Pline au XII. chapitre de son IIII. liure.

Sebeto est un petit fleuue qui passe au long des murailles de la uille de Naples, duquel font mention Virgile, Statius, Columella, & Pontan.

Seluagio (a mon iugement) est introduict en cest œuure pour Theocrite.

Seraines furent trois seurs nommées Parthenope, Ligia, & Leucasta, qui s'exposoient a tous uenans sus le bord de la marine au lieu ou la uille de Naples fut fondée par les Chalcidiens, dont est parlé en l'article de Naples. Voyez la chronique de Naples.

Silara que les Latins nomment Siler ou Silarus, est le fleuue separant la Campagne de Naples, ou terre de labour, d'auec le pays de la Brusse. Son eau est assez salutaire en toute ceste Campagne, mais oultre la uille de Surrente tout ce que lon gette dedans, se conuertit en pierre. Lisez Pline au CIII. chapitre de son II. liure.

Silenus estoit le gouuerneur de Bacchus.

Sinuessa estoit une uille du royaume de Naples que Pline au cinquiesme chapitre de son troisiesme liure dict auoir esté nōmée Sinope, laquelle selon Blondus en sa Campagne, fut située sus une montagne dicte Montdragon.

Styx est un lac ou marescage aupres de Memphis en Aegypte: & pource qu'il est plein de bourbe auec roseaux, & par consequent fascheux a passer, il est interpreté tristesse, qui le faict aux Poetes nombrer entre les fleuues d'Enfer. Les noms des autres sont Acheron, signifiant repentance de quelque chose dicte ou faicte. Cocytus, pleur, gemissement, ou angoisse. Phlegethon, ardeur de cholere ou couuoitise: & Lethe, dont cy dessus est faicte mention.

Summontio estoit un gentil homme Napolitain, qui a faict imprimer & mettre en lumiere toutes les œuures de Pontan.

T.

T.

Tamarin est un arbre que les Latins nomment Myrica. Voyez sa description au XCIX. chapitre du premier liure de Dioscoride.

Tanais est un fleuue, lequel selon Pline en son IIII. liure au XII. chapitre, sort des montagnes Riphées, & separe l'Europe de l'Asie.

Thesin est une riuiere de Lombardie qui passe à Pauie, & au dessoubz entre dedans le Pau.

Thyrsi que Sannazar met pour un pasteur, peult signifier un chapeau nuptial, moyssine, ou lance de Bacchus.

Tibre est un fleuue d'Italie passant entre la uille de Rome, & le bourg sainct Pierre. Il sort des montagnes Apenines, & antiquement se nommoit Albula: mais Tibris Roy Thuscan qui fut defaict sus son riuage, luy feit porter son nom, ou bien un Tiberis Roy des Albanois qui fut noyé dedans ses eaux.

Tigre est une beste dont Pline recite la forme & la nature en son VIII. liure au XVIII. chap.

Tyrrhena se peult interpreter Italienne, pource que la mer qui passe entre Sardagne & Sicile, se nomme encores Tyrrhene.

Toribo signifie uiuant entre les beufz.

Tragedie est une sorte de poesie, en laquelle sont

R iiij

introduictz demydieux, Roys, ou autres grās personnages. Le commencement en est tousiours plaisant, mais la fin est pleine de tristesses & douloureuses exclamations causées par meurdres, bannissemens, ou uiolences telles.

Trinacrie est la Sicile, qui souloit tenir à la terre ferme d'Italie, mais la mer trouua passage entre deux montagnes dictes l'une Sylla & l'autre Charybdis, et par ainsi en feit la separation. Voyez Pline au VIII. chapitre de son troysiesme liure, & Claudian au premier liure du rauissement de Proserpine.

Tritolæ sont lieux pres de Naples creusez en des roches, qui seruēt d'estuues naturelement chaudes. les antiques les nōmoyent frictolæ. Voyez Blondus en sa Campagne.

Tuf est ce lict de terre ferme, sus lequel les massons ont coustume d'asseoir les fondemens des edifices. c'est aussi le fons des puys.

V.

Veruene, uoyez les L. & LI. chapitres de Dioscoride au IIII. liure.

Vertumnus, lisez qu'en dict Ouide au XIIII. de sa Metamorphose.

Veseuus ou Vesuuius est une montagne ardante en la Campagne de Naples. Pline y fut estouffé en uouen uoulant trop curieusement enquerir la cause de son ardeur. Voyez l'epistre de son neueu a Cornelius Tacitus, laquelle est au deuant de la preface de l'histoire naturele.

Vipere est un serpent nommé par les Grecz Echidna. Pline le descript au trenteneufiesme chapitre de son huictiesme liure, & en dict plusieurs choses merueilleuses en beaucoup d'autres passages que la nouuelle table enseignera.

Virgo est un signe du Ciel par ou le Soleil passe au moys d'Aoust.

Vranio signifiant celeste, est mis en ceste œuure pour Pontan, qui a faict un œuure intitulé Vrania.

Vrsachio signifie uelu comme un Ours.

Vulcan dieu du feu, fut filz de Iupiter & de Iuno. Les poetes dyent que sa mere ne le trouuant beau a son gré, n'en faisoit compte: parquoy Iupiter offensé le precipita du Ciel en l'isle de Lemnos, ou il se rompit une iambe : depuis il deuint forgeron des dieux, & mary de Venus.

Vulturne est un fleuue au royaume de Naples, qui entre en la mer audessoubz de Capua. Pline au XXVI. chapitre de son XXXVI. liure dict que de son grauier se faict du uerre.

Z.

Zephyrus est un uent d'Occident nommé des la-

tins Fauonius. Qui uouldra ueoir quelles choses sont
bonnes a faire en l'agriculture pendant qu'il regne,
lize le uingtquatriesme chapitre du dixhuictiesme
de Pline.

Zodiaque est le cercle dict par les Latins Signi-
fer, a cause qu'il contient les douze signes du Ciel
par ou passe le Soleil fournissant son cours en dou-
ze moys.

F I N.

LE TRADVCTEVR
Aux lecteurs.

Ce n'est espoir de grand loz acquerir,
Qui m'a induict ce labeur entreprendre,
Sachant qu'il fault premier le conquerir
A plus haultz faictz, ou ne s'y point attendre.
Mais mon uouloir est seulement de rendre
A tous Francois, de ceste fiction
Le uray subiect, non en perfection,
Car il fauldroit un plus eloquent stile.
I'espere (au moins) que ceste affection
Apportera quelque plaisir utile.

TRADVCTION D'VNE ODE
d'Horace des louenges de la
uie rustique.

Bien heureux est qui d'affaires est loing,
Et qui n'a rien que de ses champs le soing,
Les labourant comme les bons antiques,
Hors des lyens d'usure, & ses practiques.
 Qui en souldart ne s'esueille en sursault
Par la trompette inuitant a l'assault.
 Qui n'a frayeur, & le sang ne luy mue
Quand la Mer est de tourbillons esmue.
 Qui le Palais euite, & maisons braues
Des plus puissans Citoyens & plus graues.
 Tel aux poupliers gettons de Vigne assemble,
Quand d'aage sont assez meur, ce luy semble,
Ou en un ual regarde errans aller
Tous ses troupeaux qu'il escoute beller,
Ou d'une cerpe acerée qui trenche,
S'en ua couppant mainte inutile branche.
Puis aux estocz de germe uigoreux
Ente & conioinct des greffes plus heureux,
Ou le doux miel serre dans ses tinettes,
Songneusement lauees & bien nettes,
Ou laynes prend de moutons & brebiz
Pour s'en seruir, & faire des habitz

Ou quand l'Autonne enrichissant les hommes,
Faict par les champs monstrer poyres & pômes:
O que son ame est en soy contentée
Quand il en tient une qu'il ait entée,
Ou un raisin en sa uigne choysi,
Dont la couleur combat le cramoysi,
Pour en parer dignement ton image
Dieu Priapus, ou pour t'en faire hommage
Pere Syluan des bornes erecteur,
Et des confins uigilant protecteur.
Or luy plaira soubz un chesne s'estendre,
Et tost apres sus la belle herbe tendre:
Mais ce pendant tumbent de hault en bas,
Bruyantes eaux, des Nymphes les esbas:
Par les forestz iargonnent oysillons,
Fontaines font undes sourdre en bouillons,
Et cela faict telle enuie uenir
De sommeiller, qu'on ne s'en peult tenir.
 Puis quand le hault Iupiter nous enuoye
L'yuer hydeux qui la terre pouruoye
De neiges, uentz, gelees, & bruynes,
De tous costez il pourchasse ruynes
A grans Sangliers, que par force de chiens
Faict succumber aux toilles ou las siens,
Ou tend filez engluez d'art & ruse
Aux Tourdz gouluz, qu'en ce point il abuse.

Le

L e Lieure prend ou la Grue au laſſet,
P royes qui ſont a gré, comme lon ſcait.
  Mais qui pourroit entre tant de plaiſirs
S e ſouuenir des chagrins & deſirs
Q ue cauſe Amour? Si tel a d'auanture
F emme pudique & chaſte de nature,
Q ui de ſa part tienne main au meſnage,
E t aux enfans tant aymez en bas aage,
C omme feroit une Sabine, ou celle
D' Apulius, haſlée, & pourtant belle,
Q ui au retour de ſon mary laſſé
F ace un beau feu de boys ſec entaſſé,
P uis le beſtail, de peur de mal ou pis,
V oyſe eſtabler, & traire les gros pis,
P renne au tonneau uin de la mere goutte,
E t un repas dreſſe qui rien ne couſte.
  S'ainſi m'eſtoit, ie n'auroye nul ſoucy
D u lac Lucrin, ny ſes huyſtres auſſi,
D u gros Turbot, ou Scare bien friant,
Q uand or le flot de la mer d'Orient
E n la ſaiſon du froidureux yuer
A noſtre port le feroit arriuer,
E t ne prendroys plus de gouſt a maſcher
D e Poulle d'Inde, ou Francolin la chair,
Q ue ie ferois un peu d'Oliues franches
P rinſes deſſus les plus moelleuſes branches,

O u du Lapas qui croist emmy la plaine,
O u Mauue tendre aux mallades fort saine,
O u quelque Aigneau qu'on occit & appreste
P our celebrer de Terminus la feste,
O u un cheureau des dens du loup rescoux
P ar le pasteur a grand force de coupz.
 O quil est bon entre si doux repas
V eoir retourner le bestail pas a pas
V ers la maison, mesmes Beufz en la rue
L assez trainans a l'enuers leur charue:
P uis des seruans mercenaires foison,
I ndice uray d'une bonne maison,
S e reposans sus les bancz de la sale
D ont tout le meuble est luysant, & non sale.
 Quand l'usurier Alphius eut ce dict,
I' eusse pensé qu'il eust rompu credit,
E t delaissé promptement sa practique
P our se renger a la uie rustique:
C ar ses deniers aux Ides assembla:
M ais plus utile aussi tost luy sembla
L es represter aux Calendes suyuant,
P our en tirer profit comme deuant.

FIN.

www.ingramcontent.com/pod-product-compliance
Lightning Source LLC
Chambersburg PA
CBHW050332170426
43200CB00009BA/1561